ノーカット版

日本「地下経済」白書

—闇に蠢く23兆円の実態—

門倉貴史

祥伝社黄金文庫

はじめに──地下経済ってなに？

新聞や雑誌、テレビのニュースでは、毎日のように脱税、麻薬、売春、賄賂《わいろ》、賭博《とばく》など地下経済にまつわる事件が取り上げられている。しかし、日本ではこれまで、経済学の視点から、地下経済の世界においてどれぐらいのお金が動いているのかを解き明かした本やレポート類は皆無に等しかった。

そこで、本書では、地下経済に関するさまざまなトピックを平易に紹介しながら、同時に地下経済の大きさを測ろうというきわめて斬新《ざんしん》な試みを展開する。執筆にあたって利用した公式統計は警察庁や国税庁の資料を使い、そのほかは各種の専門誌や現場をよく知る専門家への取材を頼りにした。

少し先走る形になるが、推計の概要をいくつか挙《あ》げてみると、一定の仮定をおいて計算した結果、女子中高生の援助交際の市場規模がおおむね四八七億九〇〇〇万〜六三四億二〇〇〇万円、偽ブランドの市場規模が五一八億円、自動車窃盗《せっとう》の市場規模一一三一億円、ソープランドの非合法所得六六一七億〜七三五三億円などとなっている。その他の地下経済活動の大きさも計算して全体の規模をはじき出すと、日本の地下経済の総額は驚くなかれ二〇〇四年時点で二二・四兆円にも達する。これは二〇〇五年度国家予算の社会保障関係費（二〇・四兆円）を軽く上回る金額である。

さて、冒頭からいきなり地下経済という言葉を使用したが、耳慣れない方も多いかと思うので、ここで、地下経済とは何かを改めてはっきりさせておこう。私たちが常日頃行っている経済行為は、大きく「地上経済」と「地下経済」に区分できる。「地上経済」とは、デパートで買い物をする、あるいは取引先の企業と商談をする、といったごく普通の経済活動であり、その実態については政府をはじめさまざまな機関が調査、公表している経済統計を見ることで完全に把握《はあく》することが可能だ。

一方、「地下経済」というのは、脱税、賄賂、麻薬取引、賭博、売春、詐欺《さぎ》、密輸など公式の経済統計には決して報告されることのない隠れた経済活動のことを指す。そのため、地下経済の実態はこれまでほとんど私たちの目に触れることはなかったし、経済学の分野でもまともに取り上げられるということはなかった。

しかし、近年では、アメリカをはじめ世界各国において、この地下経済がかなりの規模に膨《ふく》らんでいるのではないかと懸念《けねん》する声が広がっており、地下経済が次第に重要な研究テーマとして注目されるようになってきた。IMF（国際通貨基金）の推計によると、地下経済の存在を示唆《しさ》するマネー・ロンダリング（資金洗浄）の規模は拡大傾向にあり、現在では世界のGDPの二～五％程度に達するという。

地下経済の膨張が問題とされるのは以下のような理由による。

まず第一に、経済活動の実態を把握することがむずかしくなる。地下経済を考慮しない公式統計をモノサシに経済活動の水準を計測すると、実際の経済規模が過小評価されやすくなり、マクロ経済の景況判断を誤る危険がある。

第二に、税務面においては、地下経済の拡大が課税ベースの縮小をもたらし、結果として政府の税収の減少、財政赤字の増大につながる。

第三に、地下で経済活動を行う者と地上で経済活動を行う者との間に経済的・社会的な不平等が生じる可能性がある。

地下経済の拡大に対する懸念が強まるなか、各国で地下経済の規模や実態を正確に把握しようという試みが積極的に展開されている。

日本では、先に述べたように、地下経済の規模や実態については今なお単なる憶測の域を出ていないというのが現状だが、それでも地下経済が存在しているという状況証拠はたくさんある。そうした状況証拠をいくつか挙げておこう。

日本で地下経済の存在が人々に強く意識されるようになったのはグリーン・カード論争以降である。一九八〇年にグリーン・カード（少額貯蓄等利用者カード）実施を盛り込んだ法改正が国会を通過した直後、わずか三か月間で銀行などの金融機関から郵便局へ大量の資金の預け替えが生じた。この制度が実施される直前になってそれまで仮名や限度額を超えて銀行などに預け入れられていた不透明な資金が比較的安全とみられた郵便貯金に大挙して流れ出たのである。金融機関の反対などもあって、結局、この制度の実施は見送られたが、グリーン・カード論争により日本の地下経済の存在が明るみに引き出されることになったといえよう。

また、最近では、日本でもマネー・ロンダリングの問題が人々の耳目《じもく》を集めている。犯罪で集めた資金を金融機関の偽名口座に隠したり、資金移動を繰り返して出所や所有者をわからなくするマネー・ロンダリングは、八〇年代から暴力団など大掛かりな組織が絡むケースが多くなり、規模が膨らむ傾向にあるという。

ＩＭＦは、日本におけるマネー・ロンダリングの規模を年間約一兆円と推計している。マネー・ロンダリングの摘発強化に向けて、金融監督庁が二〇〇〇年二月に専門組織「特定金融情報室」を発足するなど、国内における地下経済問題への取り組みは活発化しつつある。

くどくどと書き並べたが、これで地下経済とは何かということがおおむねおわかりいただけたと思う。では、早速、地下経済の世界に足を踏み入れていくことにしよう。本書を読み終えたとき、みなさんは謎に包まれていた日本の地下経済についてかなりの知識が身につくはずである。

なお、本書は、筆者が二〇〇二年二月に出版した『日本「地下経済」白書』の文庫版であるが、三年余りの月日が流れて地下経済の情勢にも少なからず変化が生じた。そこで、文庫化にあたっては、最新のデータを使って地下経済の世界で生じた変化を織り込むとともに、前回は紙数の都合等で残念ながらカットした部分についても、すべてノーカットで読者に読んでいただくことにした。本書に「ノーカット版」の副題がついているのは、そうした事情による。

二〇〇五年九月

門倉貴史

もくじ

第二章　身近な「悪」の地下経済

第四章　日本と世界の地下経済

第一章　欲望とフーゾクの地下経済

▼援助交際の市場規模はダイエーの店舗改装費用とほぼ同額

九〇年代後半頃から、女子中高生を中心にいわゆる「援助交際」が活発化してきた。テレクラや出会い系サイトの出現によって、援助交際に関わる女子中高生の数はうなぎのぼりに増えているともいわれる。

それでは女子中高生のうち、どれぐらいの人数が「援助交際」を経験しているのだろうか。いくつかのアンケート調査の結果を眺めてみよう。まず、九六年一〇月に東京都が都内の中高生五五〇〇名を対象に実施したアンケート調査（有効回答数は一二九一）によれば、女子高生の四・四％、女子中学生の三・八％が「エンコー」を経験している。

一方、財団法人「女性のためのアジア平和国民基金」が九七年一〇月に首都圏の女子高生（一五〜一八歳）九六〇名を対象に実施したアンケート調査（有効回答数は六〇〇）によれば、女子高生の五％が何らかのかたちで「エンコー」を経験したという。

一クラスに一人か二人は「援助交際」をしているという実態は衝撃的な数字であるが、二つのアンケート調査はいずれも「援助交際」が最も活発に行われていると考えられる東京もしくは東京周辺で実施されており、全国規模でみればもう少し数字は低くなるのではないだろうか。

やや無理はあるが、東京都が実施したアンケート調査の結果を適用して、全国でエンコーをした女子中高生の数を計算してみると、九六年では一七・三万人という数字が得られる。

一方、「援助交際」の相場はいくらぐらいなのか。筆者がインターネット上のチャットなどを使って集めた情報では、低いところで三万円、高いところでは一〇万円以上とかなりのバラツキがあるが、これらを平均すると六万〜七・五万円程度となっている。

最後に、平均的な援助交際の経験回数を東京都のアンケート調査などから年五回と想定して、エンコー全体の市場規模（＝「援助交際」に参加する女子中高生数×平均単価×年間経験回数）を計算してみると、ベンチ・マーク（判断や判定のための基準）となる九六年は下限が五〇三億三〇〇〇万円、上限が六二九億一〇〇〇万円となった。

アンケート調査の結果や価格情報のない他の年次については、エンコー経験人数を警察庁の「性の逸脱《いつだつ》行為で補導された女子学生数」を使って延長推計、価格を全国消費者物価指数（個人サービス）を使って延長推計するなどして各年度の市場規模を算出してみた。

このような方法で試算したエンコーの市場規模は、九〇年以降、少子化により女子中高生の数が毎年減少するなかでも拡大基調にあり、九〇年の二八三・四億〜三六八・五億円から直近の二〇〇三年には四八七・九億〜六三四・二億円まで増加した。

この数字はなんと事業再生計画中のダイエーの店舗改装費用六〇〇億円（二〇〇六年二月期から二〇〇七年二月期までの期間）に匹敵するほどの大きさなのだから驚いてしまう。

こうした膨大な金額のほとんどは高級ブランド品の購入などに当てられているので、エンコーをしている女子中高生はある意味、低迷する日本の消費を支えているとも考えられる。なんとも複雑な心境ではある。

援助交際がマスコミで騒がれ始めた九六年頃は五万〜七万円が援助交際の相場と言われていたが、最近ではデフレの影響などもあって相場が下落傾向にある。その一方、①インターネットや携帯電話での「出会い系サイト」の利用など援助交際の手段が多様化していること②女子中高生の性に関するモラルが低下していること、などを背景として、女子中

援助交際の市場規模の推移

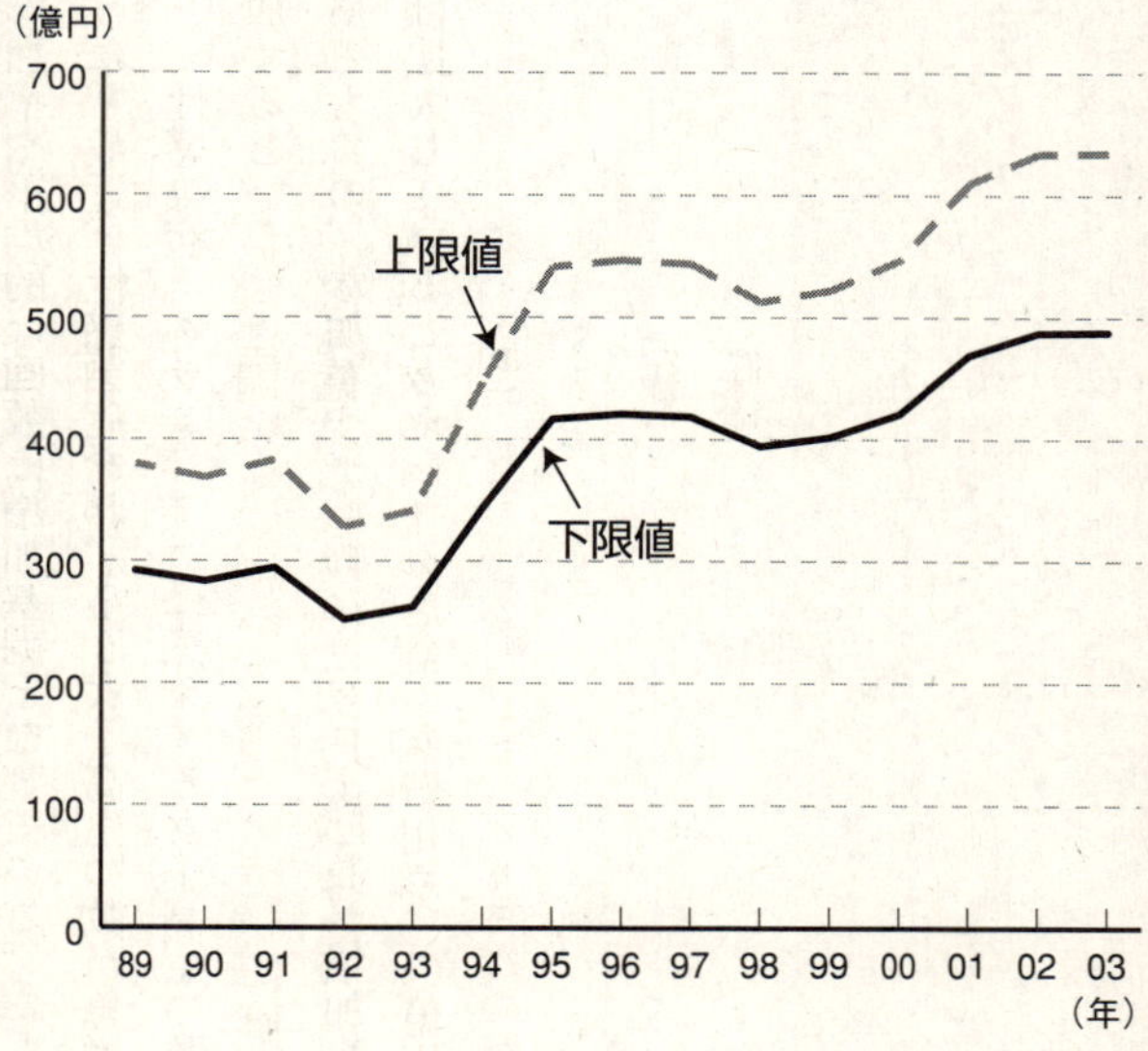

（筆者推計）

高生の援助交際への参加率や平均的な回数は増加基調となっている。

それを裏付けるように、最近、性感染症をわずらう女子高生の数が急増している。厚生労働省の調査によると、性感染症「クラミジア」に感染する女子高生の数は、卒業時点で入学時の約六倍に増加するという。

価格は低下傾向にあるものの、参加率や平均的なエンコー回数が増加していることから援助交際の市場規模は拡大していると考えられる。

▼小学生のエンコー相場は一〇万円以上が当たり前

「援助交際」の相場はどうやって決まってくるのであろうか。どのような種類のもの、サービスであれ、競争原理が働く限り、価格は需要と供給が一致するところに決まるというのが経済学の教えるところである。

この原理は「援助交際」市場にも当てはまる。買い手が多ければ援助交際の相場は釣り上がるし、逆に売り手が多い場合には相場は値崩れすることになる。

「援助交際」が騒がれはじめた九六年頃は、まだ援助交際市場に参入する女子中高生の数（供給側の数）が少なかったので非常に高い価格が市場で成立していた。いわゆる売り手市場で、援助交際一回当たりの相場は最低でも五万円、一〇万円から二〇万円といった価格が成立することも珍しいことではなかった。ステータスのあるサラリーマンのなかには三〇万円をポンと支払う者もいた。一緒に食事をするなどデートに誘うだけでも二万円以上かったのである。

それが、近年ではコギャルを中心に市場に参入する女子中高生の数が増えたために大きく値崩れするようになった。どんなに高くても一〇万円を超えるということはほとんどない。

ところで、「援助交際」の世界においては、一般に供給側の年齢が上昇するにつれて価格が低下するという、年齢と価格の逆相関の関係が成り立つことが知られている。これも経済学の基本となる需要と供給の法則によって簡単に説明がつく。

一般的に普通の男性は年増よりは若い女の子を好むから女子中学生に対する需要は大きく拡大する。一方、女子中学生をはじめとする若年の市場参加者は非常に少ないので、結果として需要超過の状態となり、女子中学生市場では価格が大幅に釣り上がる。

高校生になると、供給側がかなり増えてくるので需要超過の状態はある程度緩和されることになる。

OLになると、需要と供給はほぼ均衡《きんこう》するようになり、平均的な価格に落ち着くようになる。

さらに主婦層になると、今度は需要側が急激に減少してくる。このため、供給側の主婦層はかなりのダンピングをしているようである。このように各年齢層によって需要と供給のバランスが異なっているために、年齢ごとの市場で別々の価格が成立しているわけだ。個別の小市場ごとに価格が決定されることを援助交際の市場分断仮説とでも呼んでおこう。

現実の相場は現在どうなっているのか。最も相場が高いとされる小学生は一〇万円以上を要求してくる。中学生で五万〜一〇万円、高校生で平均五万〜六万円、人妻で二万〜三万円が相場だという。出会い系サイトを通じた援助交際では、供給側の数がまだ少なく、売り手市場となっており、テレクラなどを通じた普通の援助交際に比べて高めの価格が成立しているようである。

なお、援助交際相場は、地域によっても需給バランスに応じた多様な価格が成立しており、たとえば東京では五万〜六万円程度の相場となっているところが、沖縄では一万〜二万円程度まで下落する。ただ全体的な傾向としては、価格の地域間格差は縮小傾向にあるようだ。

ただし、くれぐれも犯罪なのでいくら相場が値崩れしているからといって安易に買いに走ると、あなたの人生にとってとても高い買い物になるのでご注意願いたい。

▼出会い系サイトで援助交際を求めた女子高生は罰せられる

パソコンや携帯電話などの急速な普及に伴い「援助交際」の交渉の場は、規制のかかったテレクラや伝言ダイヤルなどから規制のないネットへと移行している。かつてはテレクラや伝言ダイヤルなどを営んでいた業者も有料の「出会い系サイト（＝インターネット異性紹介事業）」の運営に鞍替《くら》えし、それなりの利益を出すようになっている。

警察庁がサンプル調査をもとに推定した結果によると、二〇〇二年九月時点では、パソコンで使えるサイトが二〇三八件、携帯電話で使えるサイトが三四〇一件となっており、いずれも二〇〇一年九月時点の調査から大幅に増加した。

試みにいくつかの出会い系サイトを閲覧してみると、「五万円で援助交際します！」や「一〇代の高校生です。お金をくれたら遊んであげてもいいけど、連絡下さい」など、「援助交際」を勧誘する女子高生らの書き込みが氾濫《はんらん》している。警察庁が、二〇〇二年前半中に発生した出会い系サイトにかかわる事件を分析したところ、出会いのきっかけは女子高生など児童側からの勧誘が九三・八％を占めていた。

出会い系サイトを通じた見知らぬ成人男性との出会いは、女子高生らが「援助交際」だけでなく、殺人や強姦など深刻な事件に巻き込まれる危険をはらんでいる。警察庁の資料によると、二〇〇四年における出会い系サイトに関係した事件の検挙件数は一五八二件となり、二〇〇〇年の一〇四件から、わずか四年間で一五・二倍へと跳ね上がった。検挙された事件の内訳をみると、女子高生らが売春をさせられたケースなど児童買春・児童ポルノ法違反が七六八件と全体の四八・五％を占めるが、殺人や強盗、強姦など重要犯罪に巻き込まれるケースも九五件に達する。事件の被害者の多くは一八歳未満の少女で占められており、二〇〇四年は女子高生が四一・三％、女子中学生が二八・八％となっている。小学生の女子児童でも三人の被害者が出た。

また、出会い系サイトを利用した女子中高生の「プチ家出」も増加傾向にある。「プチ家出」というのは「メル友」などに会うために、二〜三日から一週間ほど無断外泊して家に帰らないことを意味する言葉だ。家出中は、メル友の家を泊まり歩くらしいが、お金がなくなると男性に声をかけて「援助交際」をしたりする者もいるという。二〇〇三年一二月には、女子中学生が、出会い系サイトに「一四歳で家出中。泊まるところを探しています。」などと書き込み、その子に宿泊場所を提供した男が見返りにセックスをするという事件が発生している。

こうした出会い系サイトがらみの犯罪を抑制するため、二〇〇三年九月には「出会い系サイト被害防止法」が施行された。この法律では、成人男性が出会い系サイトを利用して一八歳未満の児童に「援助交際」を申し込んだり、逆に女子中高生らが「援助交際」を誘う書き込みをすることを禁止する。違反した者は年齢、性別を問わず一〇〇万円以下の罰金が科されることになる。同法は、児童買春の被害者を罰してはいけないという国際規約「ストックホルム宣言」の趣旨に反するものであるが、買春事件の大半が児童からの誘いがきっかけとなっている日本の特殊な実情を踏まえれば、やむを得ない措置といえよう。

同法の施行により、露骨な「援助交際」の勧誘は減少したといわれるが、年齢を偽るなど少女たちの書き込みは巧妙になっており、実際には、「援助交際」の勧誘はそれほど減少していない可能性が高い。一部の良心的な運営業者は、アルバイトなどを雇って、援助交際に関する書き込みを随時削除しているが、膨大な量に上る書き込みをすべて監視することはできず、どうしてもチェック漏れが出てしまうというのが実情だ。

出会い系サイトに関係した事件の検挙数

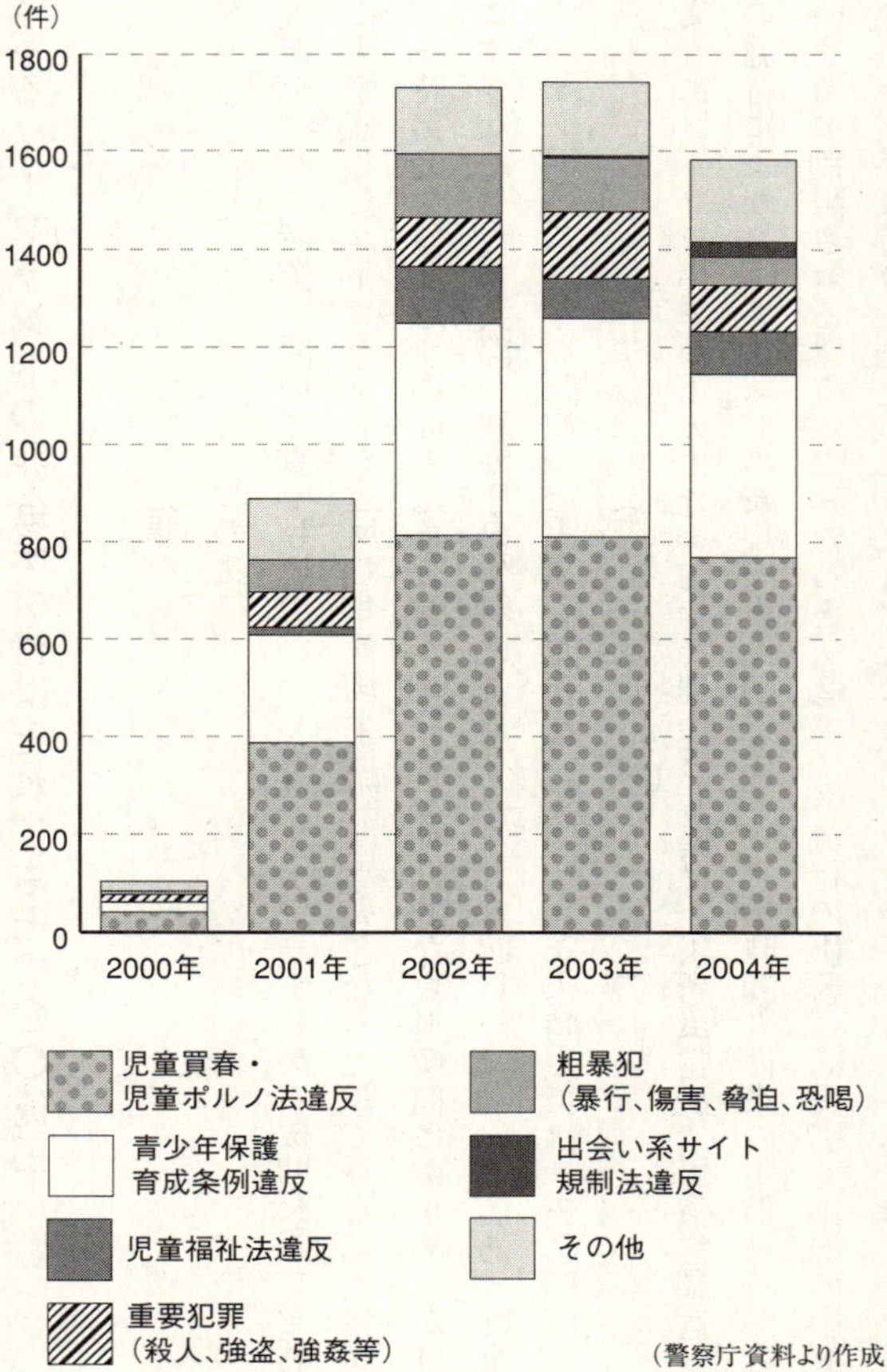

（警察庁資料より作成）

▼衰退するソープランドの非合法所得はそれでも七〇〇〇億円

日本人がセックス産業と聞いて真っ先に思いつくのはソープランドだろう。しかし、七〇年代に大繁盛したソープランドも、八〇年代後半以降は下火となってきている。バブル期には、一時勢力を盛り返す場面もみられたが、それも長期的な衰退傾向に歯止めをかける程度にすぎなかった。実際、警察庁の資料によると、一九八四年に一七〇七店あった全国のソープランドは八五年以降減少の一途をたどり、二〇〇四年末時点では一三〇四店まで落ち込んだ。

このようにソープランドが下火になってきた理由としては、①新風営法（風俗営業適正化法）の施行によりソープランドの新規出店が禁止され、営業時間も従来の午前一時から午前零時までに制限されるようになったこと、②エイズ流行の影響、③長引く不況の影響でサラリーマンが夜遊びを控えるようになったこと、④ファッションヘルスをはじめソープランドにかわる新興風俗が次々に誕生したこと、などが挙げられよう。

では、現在、ソープランドの非合法所得の規模はどれぐらいの大きさになるのであろうか。「待ち行列理論」などを使ってソープランドの一店舗あたりの年間売上高を推定したうえで、店舗数を乗じて全体の規模を推計してみよう。「待ち行列理論」とは、銀行の窓口などのように人の行列ができるシステムにおいて平均的な待ち時間を測定しようとするものである。この理論では、①客がランダムに到着する（統計的にはポアソン分布に従う）、②窓口のサービス時間は指数分布に従う、③サービスは先着順に受ける、④行列への割り込みや途中退出はないという前提をおいている。

とくに窓口が複数の場合の待ち行列は「M／M／S」型モデルと呼ばれる。ここで窓口の数S、サービス時間Ts、平均待ち時間Twの値がわかれば、モデルにより一店舗あたりの平均的な客数の推定が可能となる。インターネットや電話照会などによって三〇程度のサンプルを集計した結果、窓口（個室）の数は八室、平均的なサービス時間は九〇分、平均待ち時間は六分とのデータが得られた。これらのデータをもとに計算を行うと、平均的なソープランドでは一七分に一人の割合で客が来店することになる。営業時間は一二時間程度であるから、一日の客数は四一人程度、一年間では一万五〇三六人に達する。ソープランドの平均料金をサンプルデータから計算すると五万円程度であるから、一店舗あたり年間売上高はおよそ七億五一八一万円になる。これに二〇〇四年のソープランド数一三〇四を乗じると全体の市場規模九八〇四億円が求められる。

ところで、ソープランドの料金はお店に支払う入浴料とソープ嬢に対して個別に支払う特殊サービス料で構成されるが、税務署に申告されるのは看板の入浴料のみで、料金全体の四分の三程度を占める特殊サービス料の部分はほとんど申告されない。この部分の実態を明らかにすると、追徴《ついちょう》課税となるばかりでなく売春防止法に違反していることを認めることになるからだ。地上経済に含まれる入浴料を除くと、二〇〇四年における売春産業の非合法所得の規模は七三五三億円（＝九八〇四×〇・七五）と推定される。最近価格が低下傾向にあることを考慮して低価格の場合の推計値を算出すると六六一七億円と計算される。

結局、二〇〇四年におけるソープランドの非合法所得はおおむね下限六六一七億円と上限七三五三億円の間に位置することになる。

市場規模は、一九八五年に風俗営業適正化法が強化されて以来縮小傾向をたどっており、直近の二〇〇四年は名目ＧＤＰに対して〇・一三〜〇・一五％程度とピーク時の八五

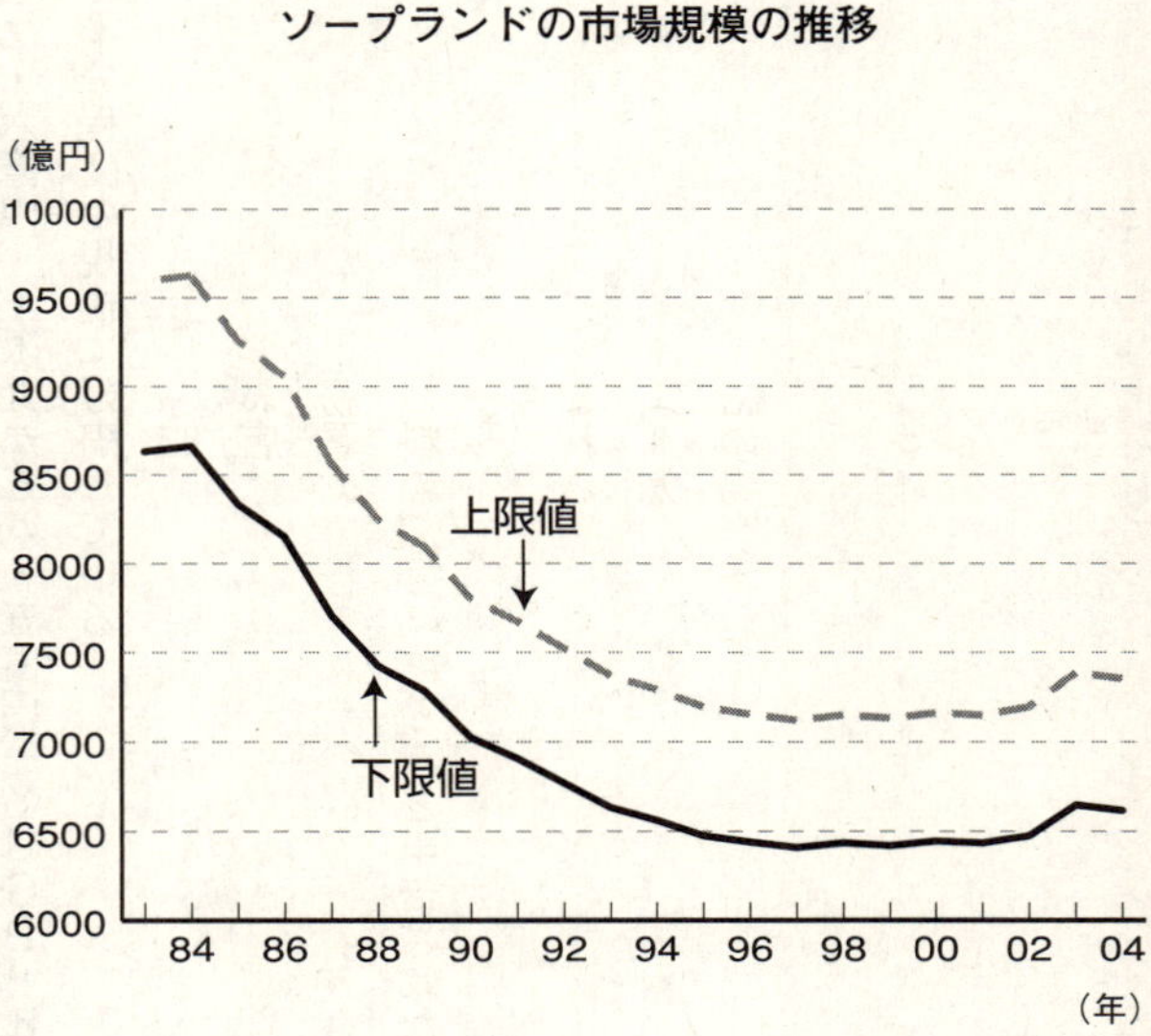

(警察庁資料などより筆者推計)

年頃（下限八三三二・六億円、上限九二五八・五億円、名目GDP比では〇・二六〜〇・二九％）に比べて半分程度の規模に縮小している。

▼時給なんと三万一〇〇〇円！　稼ぐんだったらAV女優

ソープランドにはじまって、ファッションヘルス、アダルトビデオ、デリバリーヘルス、ピンクサロン、キャバクラなど、今や日本の風俗産業は百花繚乱《ひゃっかりょうらん》の様相を呈している。

こうした風俗産業で働く女性のほとんどは、給料の高さにひかれてこの業界に飛び込んでくるわけだが、同じ風俗産業でも、業態によって受け取る給料にはかなりの格差が生じている。

では、各業態で働く女性たちのお給料はいったいどれぐらいなのだろうか。

あらゆる風俗産業のなかで、時間当たりの給料が最も高いといわれるのはアダルトビデオの出演料だ。プロダクションに所属するプロのAV女優の場合、一回のビデオ出演で受け取るギャラはなんと八〇万〜一五〇万円程度。

撮影現場で拘束《こうそく》される時間は二日程度であるから、時給に換算してみると約一万七〇〇〇〜三万一〇〇〇円である。さらに、ビデオ出演のギャラとは別にプロダクションと専属契約を結んだ時点で、多額の契約金がもらえる。

飯島愛《いいじまあい》さんの著書『プラトニック・セックス』によると、彼女がAVに出演する際には、契約金としてプロダクションから一〇〇〇万円を受け取ったという。これはバブル最盛期の話で、バブルのはじけてしまった現在ではこれほどの契約金を支払うプロダクションはないということだが、それでも通常のフーゾクと比べればかなりの高額の契約金をもらえるようである。

ちなみに、プロダクションに所属していない素人の場合は、一回の出演につき一〇万〜五〇万円程度のギャラとなっている。

一方、ヌードグラビアのモデルの場合、一回の撮影で五万〜一五万円の報酬。撮影にかかる時間は六時間程度だから時給に換算すると、八三〇〇〜二万五〇〇〇円程度だ。

次に、高額の給料を取っているのはソープランド嬢である。ソープランドの接客サービスはかなりきついが、それに見合った報酬を受け取ることができるようだ。

たとえば、吉原《よしわら》の高級ソープランドの場合、お客が支払う総額七万五〇〇〇円のうち、

職種別にみた風俗嬢の時給ランキング

順位	職　業	時　給	拘束時間
1	AV女優（プロ）	1万7千～3万1千円	1～2日
2	ヌードグラビア	8千300～2万5千円	6時間程度
3	ソープランド	1万2千500円程度	営業時間内であれば働きたいだけ可能
4	ファッションヘルス	5千～1万2千円程度	
5	キャバクラ	2千～5千円程度	
6	ピンクサロン	2千500円程度	

普通のOLが風俗嬢として
キャリア・アップしていくときの流れ

普通のOL

↓

ピンクサロン

↓

ヘルス・イメクラ

↓

ソープランド・ホテトル

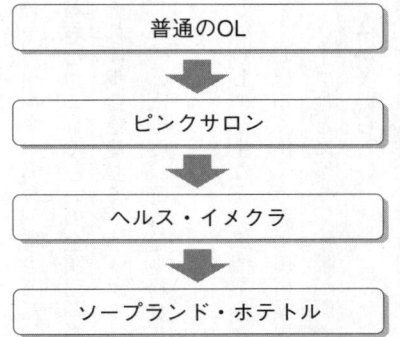

ソープ嬢が受け取る金額は五万円程度。接客する客の数はソープランド嬢一人あたり一日平均三人程度であるから日給一五万円、営業時間一二時間として、時給に直すと一万二五〇〇円程度となる。ただし、これは美人をそろえた高級店の場合だ。

風俗産業のなかではそれほど仕事がきつくないファッションヘルスの場合、時給は五〇〇〇円から一万二〇〇〇円程度、イメージクラブなどもおおむねこれぐらいの金額だ。キャバクラ嬢の場合、時給は二〇〇〇〜五〇〇〇円程度でこれに歩合給がつく。一番給料が安いといわれるのはピンクサロンで時給は二五〇〇円程度。そもそも料金が安いので給料が安くなるのは当然といえば当然だ。

この世界の流れはお金に困ったり、もう少し余裕の欲しいOLや学生など、風俗業界についてあまり知識のない女性がまずピンサロで働きはじめ、しばらく働くうちに風俗業界のことに次第に詳しくなり、ファッションヘルスそして、ソープなどに移り、年齢がいくと「人妻〇〇」とか「熟女〇〇」へと流れていくケースが多いらしい。

このようにひとくくりにフーゾクといっても、そこで働く女性の給料は千差万別だ。

▼ソープランドの個室を作るには一〇〇〇万円はかかる

ソープランドには個室がいくつあるかご存じだろうか。店舗の大きさなどによってまちまちだが、平均するとだいたい一店舗当たり八室程度となっている。

八〇年代後半のバブル最盛期には、これらの個室は一日中すべてフル稼働《かどう》状態で、待合室にはいつもところせましとお客があふれていた。事務室をお客の待合室として臨時に使用することも珍しいことではなかったという。

また、お店で働くソープランド嬢は皆てんてこ舞いで、食事も満足にとれない有り様であった。

しかし、そんな忙しさも今となっては夢物語。九〇年代以降は、一連のエイズ騒動やフーゾクの多様化、新風営法（風俗営業適正化法）施行による営業時間の短縮、景気の長期低迷によるサラリーマンの寂しいふところ具合などを背景にソープランドに足を運ぶ客数はめっきり落ち込んでしまった。

日本の代表的なソープランド街である東京の吉原《よしわら》でも、現在ではピーク時の四分の一ほどのお客さんしか入らなくなっているという。

こうした厳しい経営環境のなか、高い設備維持費を出して従来どおり八室の個室を抱えていても、十分に稼動していないのではないだろうかという素朴な疑問がわいてくる。

各個室にはベッドやエアコン、水回りの施設、テレビ、マットなどさまざまな付帯設備がついており、これらの購入費用だけでも総額一〇〇万円程度はかかる。

毎月のメンテナンス費用を含めれば、かなりの出費となっていることは間違いない。

そこで、ソープランドの個室がどの程度お客さんに利用されているかを確かめてみよう。

実際にお店へ出向いてひとつひとつ個室の利用具合を実査するわけにもいかないので、ここでは先ほど、ソープランドの非合法所得を推計する際にも使った「待ち行列理論(M/M/S型)」の手法によりお客さんの出入りをシミュレーションしてみた。

いくつかのソープランドに電話をしてサービスを受けるまでの平均的な待ち時間を聞き

ソープランドの個室の稼働率のシミュレーション結果

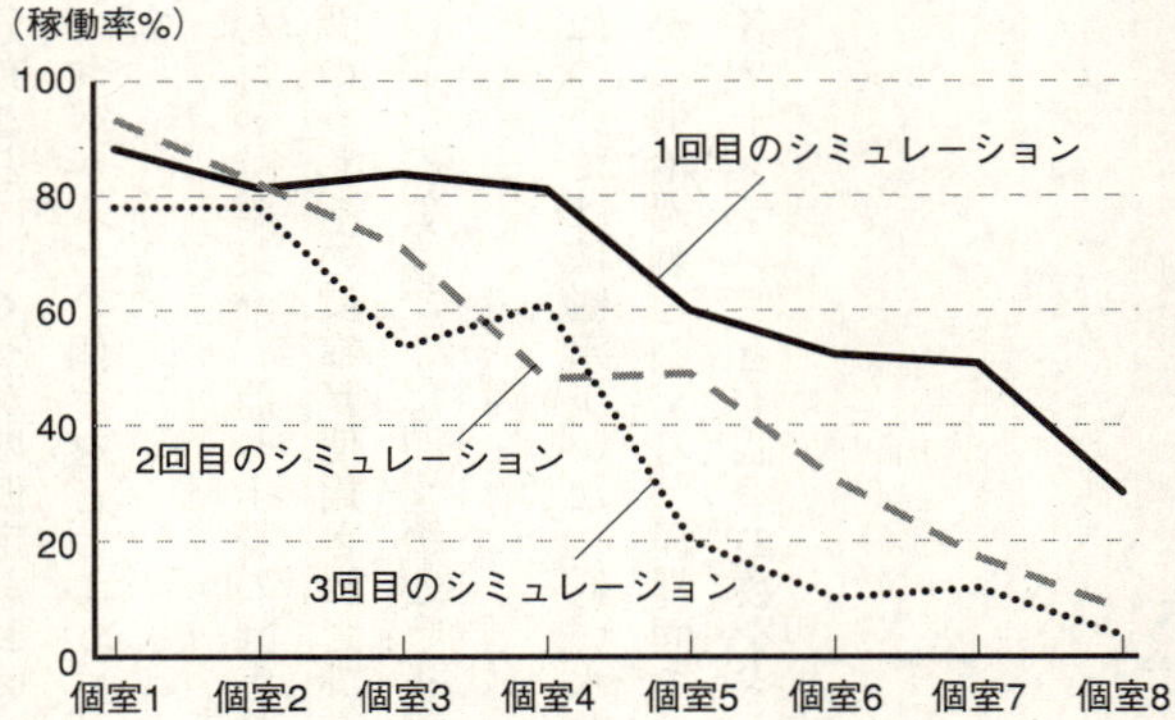

(注)待ち行列理論(M/M/S)を使って求めた値。稼働率は営業時間のうちどれだけの時間その個室が使用されたかを示す。

出し、さらに客の現れ方の分布などにいくつかの仮定をおいたうえでこの理論を適用すると、一二時間の営業時間内にお客が八つの個室をどのように利用したかを仮想的に眺めることができるのだ。

三回のシミュレーションを行った結果は、前ページの図表のとおりである。各個室の稼働率（営業時間のうちその個室が使用されていた時間）を計算してみると、だいたい四つ目の個室までは七〇％を超える高い稼働率を維持していることが読み取れる。

しかし、残り半分の個室については稼働率がかなり低い水準となっており、現行の客の出入りで八つの個室は明らかに供給過剰といえる。経営面での効率化を考えていわせていただけば、採算面からみて各ソープランドとも個室の数をもう少し減らしてもよいのではないだろうか。

▼弱肉強食！　ホストクラブを頂点とする風俗産業ピラミッド

近年、ホストクラブが急成長している。ホストクラブとは、女性客を相手に男性が接客サービスをするところ。男性客がよく行く「クラブ」や「キャバクラ」の逆バージョンだ。値段は銀座のクラブと同様かなり高めだが、イケメンのホストたちは巧みな話術を駆使して満足のゆく接客をしてくれる。東京都内を中心に新規出店が相次いでおり、新宿歌《か》舞伎町《ぶきちょう》だけでも六〇店舗以上が乱立している。ホストクラブにはまる女性は多く、たとえば年金基金の経理担当のある女性は、基金のお金を流用してホストクラブ費に充《あ》てていた。

また、ある女性はホストクラブで遊ぶ金欲しさから、「モーニング娘。」のマネージャーになりすまし、女子中学生から事務所登録料として一五万円をだましとっていた。

ホストクラブは「お金持ちの有閑《ゆうかん》マダムが楽しむお店」というイメージが強いが、この不況下、一回あたり最低三万円はかかるホストクラブで遊べる有閑マダムがそんなにたくさんいるはずがない。テレビなどでは、ドンペリなどの高級ブランデーを注文して、一〇万円とか二〇万円とか払っていく笑顔のセレブ系マダムをよくみかけるが、現実のマダムの多くは、ホストクラブを大衆化したいわゆる「ボーイズバー」（一回あたり最低五〇〇〇円から）で遊んでいるというのが実情だ。

実は、ホストクラブのマーケットが拡大している背景には、風俗嬢たちの来店が増えていることがある。キャバクラやソープランド、ファッションヘルス、イメージクラブなど男性向け風俗店で働く女性は、高額所得者が多い。年間三〇〇〇万円を稼ぎ出すソープランド嬢もいるぐらいだ。しかも、彼女たちは稼いだ所得のほとんどを遊びに使っている。その点をデータで確認すると、たとえば、総務省が実施している「家計調査」によれば、二〇〇二年のサラリーマン世帯の平均消費性向（可処分所得のうち消費に回す割合）は六八・九％であった。一方、筆者が東京のソープランドやファッションヘルスで働く女性二四人を対象に行ったヒアリング調査によれば、二〇〇二年の風俗嬢の平均消費性向は八二・二％であった。両者の間には一〇ポイント以上の開きが生じている。風俗嬢のほうが、雇用不安・将来不安にびくびくおびえるサラリーマンよりもお金の使い方が大胆なの

サラリーマン世帯と風俗嬢の平均消費性向の比較（2002年、1月あたり平均）

（注1）全国・サラリーマン世帯は総務省「家計調査」による。
（注2）風俗嬢は東京のソープランド、ファッションヘルスなどで働く女性24人を対象に筆者が行った調査（平均値）
（注3）平均消費性向は消費支出÷可処分所得×100

	全国・サラリーマン世帯	風俗嬢
消費支出(円)	193,906	361,448
可処分所得(円)	281,342	439,863
平均消費性向(%)	68.9	82.2

ホストクラブを頂点とする風俗産業ピラミッド

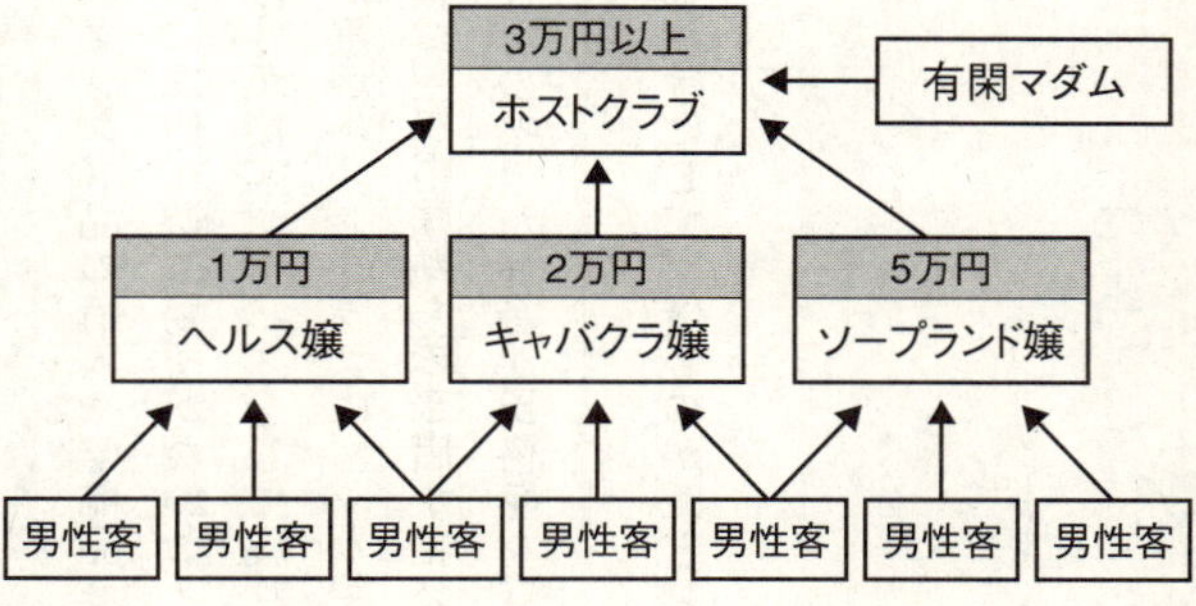

だ。

風俗嬢の消費が具体的にどこに向かうかというと、高級ブランド品の購入や宝飾品、そしてホストクラブだ。①風俗店の営業が終了する深夜すぎには他に遊ぶ場所がないこと②ホストが同世代なので話し相手として格好であること③自分が接客サービスをして疲れたので逆に接客サービスをして欲しくなることなどが、風俗嬢がホストクラブにハマル主要因となっている。トップクラスのホストになると、月一〇〇万円を軽く稼ぎ出すというが、よくよく考えてみるとこれは、風俗に遊びに来た男性客の払ったお金が風俗嬢を経由してホストクラブに流れている弱肉強食の食物連鎖といえる。

さらに最近では、ホストクラブにハマった女性客を借金漬けにして、借金のかたとして無理矢理風俗店で働かせる悪質なホストクラブも出てきている。

▼八分に一人の割でイメクラ等に通う

八〇年代後半に登場して以来、急成長を続けるファッションヘルスとイメージクラブ。いずれの業態も一万円台という手頃な値段と豊富なオプションが、不況化においても客をひきつける要因となっている。

では、この業界の市場規模はどれぐらいになるのだろうか。窓口が複数の場合の「待ち行列理論（M／M／S型）」などを使って一店舗あたりの売上高を推定したうえで、これに店舗数を掛けて全体の市場規模を推し量《はか》ってみよう。

まず、東京と神奈川から選び出した三〇店舗のサンプル・データを平均すると、個室の数は八室、待ち時間は二〇分、標準プレイ時間は四五分程度である。

これらの集計データをもとに「待ち行列」モデルで計算を行うと、平均的なファッションヘルス、イメージクラブでは八分に一人の割合で客が訪れることになる。営業時間は一二時間程度であるから、一日の客数は九〇人程度、一年間では延べ三万二八五〇人に達する計算となる。

また、ファッションヘルスとイメージクラブの平均料金をサンプルデータから計算すると、一万円程度であるから(ストーリー性のある分、イメージクラブのほうがファッションヘルスに比べて若干《じゃっかん》高額となっている)、一店舗あたりの年間売上高は延べ来訪客数三万二八五〇人×平均料金一万円でおよそ三億二八五〇万円となる。

これに警察庁が発表している二〇〇四年のファッションヘルス、イメージクラブの店舗数(一〇一三軒)を掛けてやると、全体の市場規模は三三二七・七億円と推定される。

もっとも、この推計値は、警察などにきちんと届け出をしている店舗について集計したものである。実際には、営業許可を取らずにこっそりとモグリ営業やボッタクリ営業をしている店舗がたくさん存在する。

たとえば、二〇〇一年九月初めに新宿歌舞伎町で起きた雑居ビル火災事件に際しては、安全確認のために警察が周辺の風俗店へ立ち入り検査を行おうとしたとき、多くの店が休業の看板を出しており、こうした事実はモグリ営業をしている店舗が多数存在することを示唆《しさ》している。

ファッションヘルス・イメージクラブの市場規模の推移

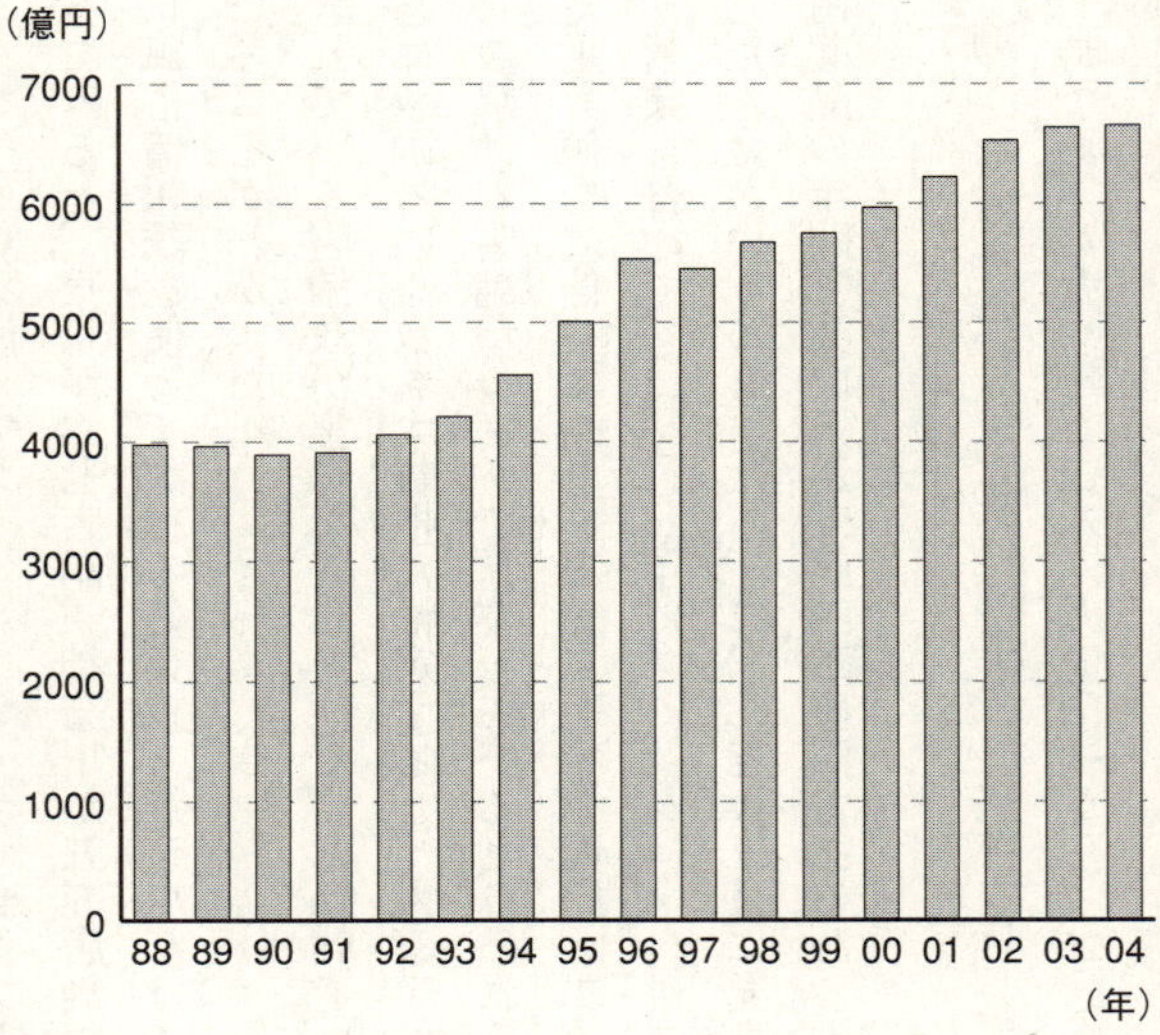

(注)推計値にはモグリ営業も含まれる(警察庁資料などより筆者推計)

そこで、NTTのタウンページを使ってファッション・マッサージという業態で登録している店舗の数を調べてみると、東京が六七店舗、神奈川が五五店舗で合計一二二店舗となっている。しかし、風俗情報誌を使って調べると東京と神奈川だけでも四〇〇店舗以上の情報が掲載されていることがわかった。

風俗情報誌に掲載されている店舗数が実勢を表していることは間違いないので、こちらの断片的な情報をもとに全国の店舗数を大雑把《おおざっぱ》に推定すると、警察庁の認可を受けている店舗と少なくとも同じ数だけの店舗がモグリで営業しているとみられる。

結局、先に算出した推計値を二倍してやり、三三二七・七億円×二＝六六五五・四億円がモグリやボッタクリ営業も含めて、二〇〇四年にファッションヘルスとイメージクラブが業界全体で稼ぎ出したお金ということになる。二〇〇五年三月に発表された薬品メーカーナンバーワンの武田薬品の年間営業収入が三四四四億円であるからその規模の大きさがわかる。

市場規模を過去に遡《さかのぼ》ってみると、八〇年代後半からほぼ一貫して拡大傾向となっており、バブルのピーク時であった九〇年（三八八九億円）から、二〇〇四年には一・七倍の規模まで膨《ふく》らんでいる。

▼外国人売春の市場規模はドトールコーヒーの営業利益の五倍

近年、都心部を中心に外国人売春婦の活動が目立ってきている。JR山手線の新大久保《しんおおくぼ》駅の駅裏などには夜遅くにタイ人やコロンビア人の売春婦が出没。六本木《ろっぽんぎ》や新宿《しんじゅく》の路地裏でも、テニスのシャラポア並みのロシア人らしき金髪八頭身美人が声をかけてくる。

二〇〇四年中に売春防止法違反で検挙された外国人は一四四人に上った。国籍別の内訳をみると、最も多かったのがタイ（五一人）で、以下中国（四五人）、コロンビア（一六人）、台湾（一六人）と続く。かつて、外国人売春はタイ人が圧倒的に多かったが、ここ数年は中国人や南米系が増加傾向にある。また、最近では東欧やロシア出身の立ちんぼが、錦糸町《きんしちょう》を中心に暗躍しているようだ。赤坂《あかさか》にはロシア人のパブが乱立している。

日本に滞在している外国人売春婦のほとんどは、短期滞在・興行等の在留資格で偽って入国し、そのまま国内にとどまって仕事（＝売春）に専念しているのだ。

外国人売春婦の多くは、ジャパニーズ・エンを稼ぐために自ら進んでこうした仕事に手を染めているのであるが、なかには現地のブローカーやこれと手を結んだ引率《いんそつ》ブローカー、国内の受け入れブローカーの口車に乗せられ、あるいは脅迫されたりして無理矢理連れてこられる者もいる。いわゆる人身売買（トラフィッキング）である。

彼女たちは、ブローカーや風俗店の経営者などに不法入国の費用などの名目で数百万円に上る借金を負わされたうえ、逃亡できないようパスポートを取り上げられ、スナックや売春宿での身売りを強要される。また稼いだ給料から借金を天引きされるなど賃金を搾取《さくしゅ》されるなどの被害にもあっているという。

ここで、外国人女性による街頭などでの売春について、その市場規模を推定してみることにしよう。

推計は以下の要領で行った。まず、売春にたずさわっている外国人女性の数を法務省が発表している外国人不法残留者数（女性）の推定値をもとに推計する。日本国内に不法残留している外国人女性のほとんどは、生活のためになんらかの不法就労をしていると考えられるので、不法残留者数＝不法就労者数とする。

女性不法就労者のうち売春にたずさわっている者の数は、法務省の別の資料「入管法違

外国人女性による売春の市場規模の推移

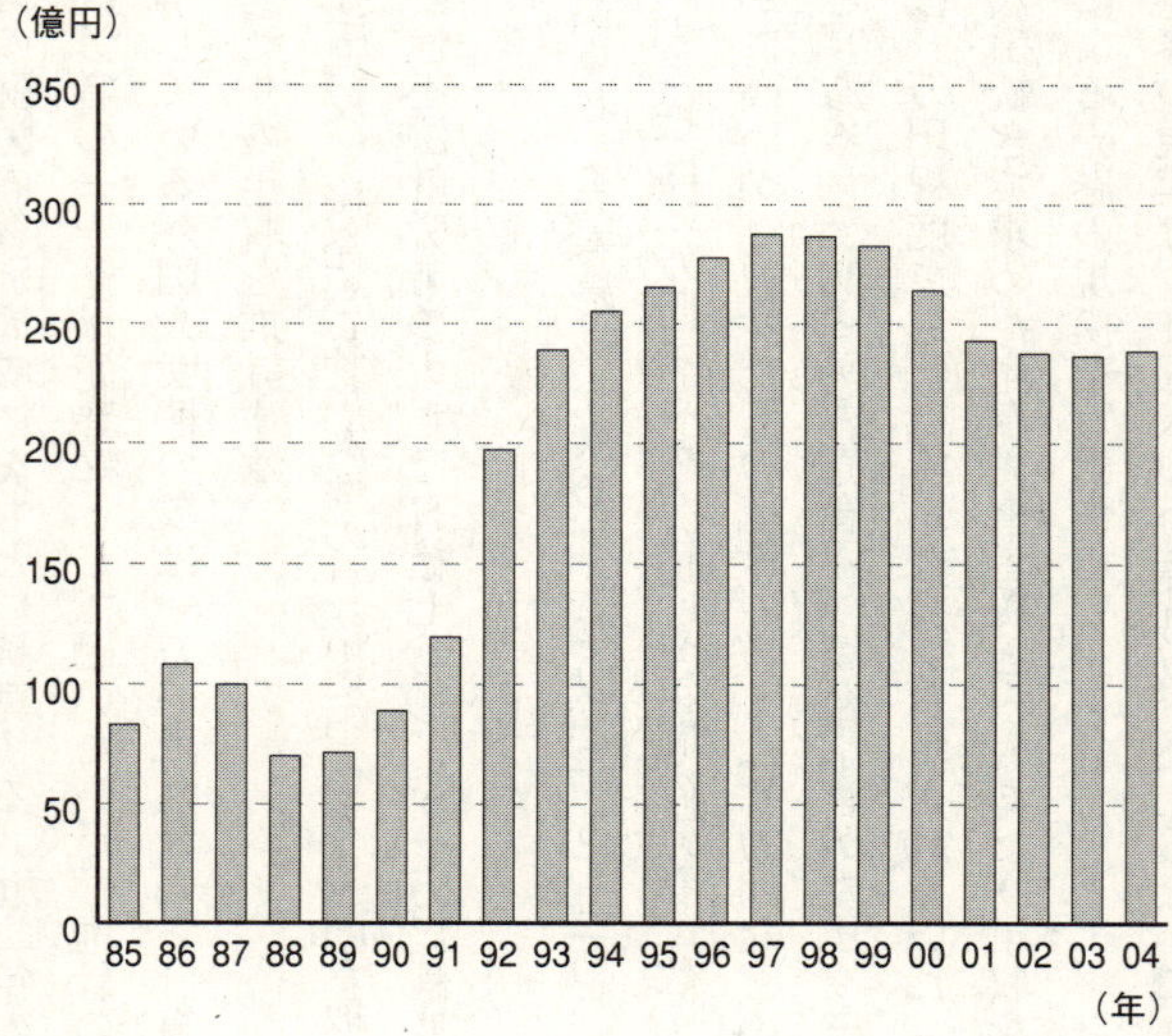

（各種資料により筆者推計）

反で摘発された外国人の就労内容別構成」をもとに試算する。九二年のデータによれば、摘発された女性不法就労者の一一％が売春婦として働いていた。推計の結果、二〇〇四年時点で売春産業に従事している外国人女性の数は一万一六九九人と計算される。

次に、売春婦一人あたりの年収を推計する。

法務省では、入管法違反で摘発された女性不法就労者の日給についても聞き取り調査を行っている。これによれば、女性不法就労者の大半は日給七〇〇〇～一万円程度で働いていることがわかることがわかる。

この日給を年収に換算して売春婦の一人あたり年収とする（二〇〇四年では二〇四万円）。客との交渉価格（大抵は二万円＋ホテル代）や年間の売春回数から想定される一人あたりの年収ははるかに高いが、彼女たちの稼ぎの多くは暴力団などのブローカーに収奪されているとみられる。あるフィリピン人売春婦の場合、客が支払う三万円のうち、実際に自分の手に残るのは一万円程度であとはみんなピンハネされていた。

最後に、このような手続きで求めた売春従事者数と一人あたり年収を掛け合わせ、マクロでみた外国人女性による売春の規模を算出する。

外国人女性による売春の規模は、外国人の不法就労が増えるなかで九〇年代以降拡大傾向にあり、九〇年の八九・〇億円から二〇〇四年には二三八・七億円へと膨らんだ。この数字はドトールコーヒーの二〇〇五年三月期決算の営業利益四八億円のほぼ五倍にあたる。

▼ラブホテル利用カップルは一日一八五万組

結婚前のカップルや不倫をしている男女などが利用することが多いラブホテル。一昔前は、後ろ暗いイメージが強く、気の弱い若者はなかなか利用することができなかった。ホテルの外装もなぜか中世のお城の形をしていたりして、なんとなく入り口でたじろいでしまうようなケバケバしいものばかりであった。

しかし近年、そうしたラブホテルが大変身している。新規に出店するラブホテルの多くは、「えっ、これがラブホテル?」と思うほどに内外装が洗練されているのだ。

ホテルがおしゃれになり、背徳のイメージが薄れてきたことから、若いカップルも気軽にラブホテルを利用するようになってきている。最近ではこうしたラブホテルを「レジャー・ホテル」とか「ブティック・ホテル」などとしゃれた名前で呼ぶものもあるぐらいだ。

さて、このラブホテル、全国にどれぐらいあるのだろうか。警察の監視下（改正風俗営業適正化法における第四号営業）におかれているラブホテルの数は二〇〇四年で六六三六軒。その数は風営法施行の前年に当たる八四年の一万一六〇四軒から一貫して減少傾向にある。

ちなみに、客室に回転ベッドが置かれていたり、ベッドの横に姿が丸見えとなる鏡が置かれていたりすると、この第四号営業の許可が必要となってくる。

しかし、警察庁が把握している軒数だけをみて、ラブホテルの営業がふるわなくなってきていると考えるのは早計だ。警察の監視下に入るのを嫌って一見普通のホテルのように営業している裏のラブホテルが増えてきているからだ。

裏のラブホテルは、営業許可を受けているラブホテルよりおしゃれな作りになっているのが特徴で若者に人気がある。

かつてテレビ番組の『トゥナイト2』などに出演し、ラブホテル事情に精通しているビタミン三浦氏によれば、全国のラブホテルの軒数は裏のラブホテルも含めて三万七〇〇〇軒もあるという。警察庁が把握しているラブホテルの四倍もの裏ホテルが存在しているということだ。

一方、ラブホテル一軒あたりの客室数は、平均すると二〇室程度。また各客室は一日にだいたい二・五回転する。これは、ひとつの客室を一日の間に二組半のカップルが利用しているということだ。普通のホテルや旅館の客室回転率は一日平均一回転程度であるから、ラブホテルの二・五回転はホテル・旅館業のなかではかなり高い数字といえる。

結局、三万七〇〇〇軒×二〇室×二・五回転で、一日に延べ一八五万室もの客室が稼動している計算になる。

言い換えれば、一日に一八五万組のカップルがメイクラブのためにラブホテルを利用しているのだ。これを人数に直せば一日三七〇万人が利用していることになる。

一方、ラブホテルの売上げはどれぐらいの規模になるのであろうか。

ラブホテルの客単価は平均して七〇〇〇円程度だから、一日あたりのラブホテルの売上げは七〇〇〇円×一八五万室＝一二九億五〇〇〇万円、一年では四兆七〇〇〇億円の大産業となっている。

二〇〇五年三月期における帝国ホテルの年間営業利益が二七・六億円であるから何とも驚きの数字である。

表向き、ラブホテルの数は減少傾向

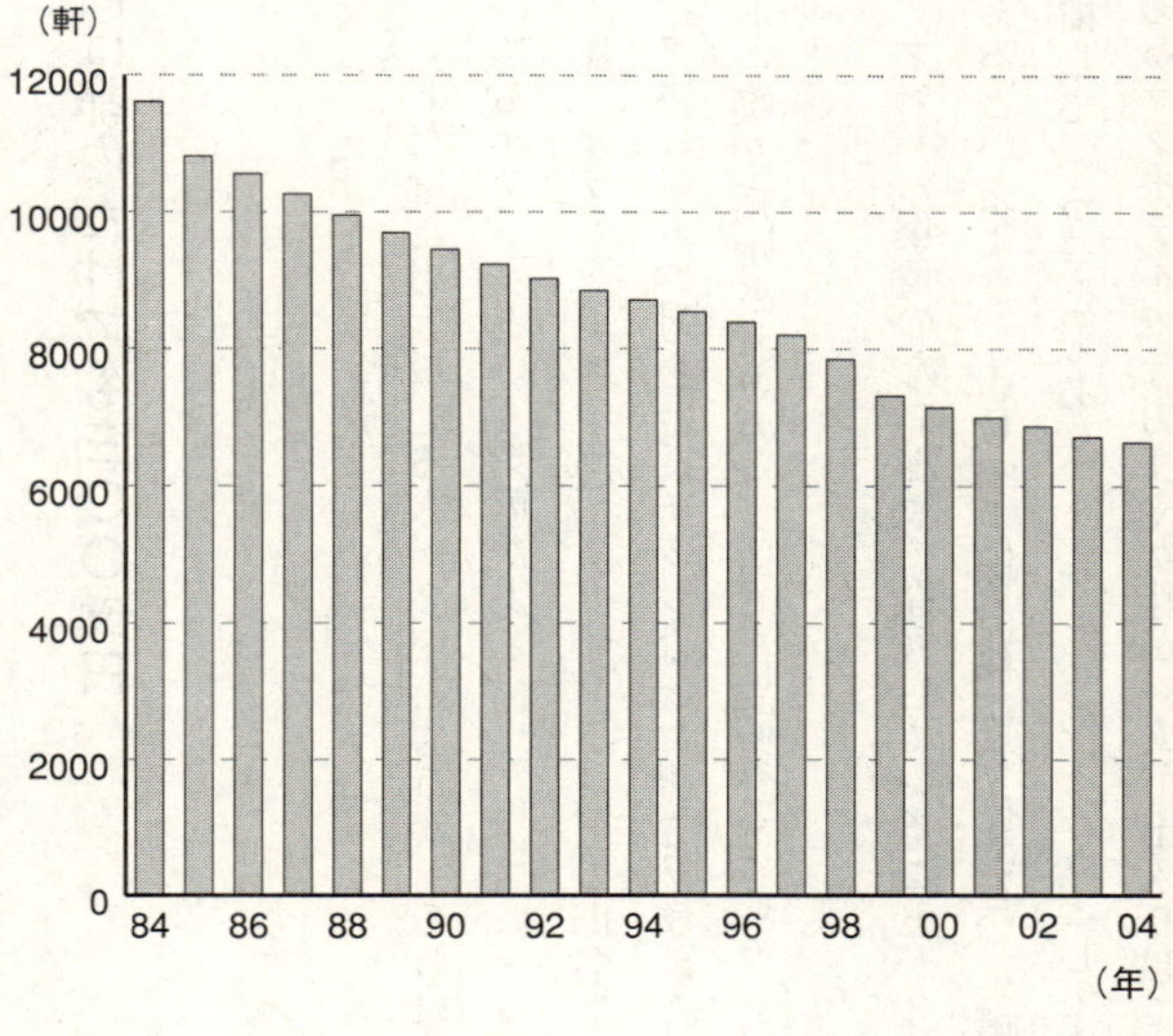

(警察庁資料より作成)

▼ホテトルの年商は都内だけでも三〇〇億円

売春産業はソープランドだけと思っている人が多いと思うが、それは大きな間違い。実はソープランドのほかにもホテトルという業態がある。「ホテトル」というのは、ホテルとトルコ風呂（ソープランドの旧名）の合成語だ。風俗誌の広告欄や電話ボックスに貼りつけられたチラシなどに書き込まれた電話番号にお客が電話をすると、ホテトル嬢が指定されたラブホテルに訪れるというシステムになっている。

ホテトルは、ソープランドの集積のない地域で発展していることが多く、ソープランドとは相互補完関係にあるといえよう。ＪＲ山手線沿線にある渋谷《しぶや》、巣鴨《すがも》、大塚《おおつか》、鶯谷《うぐいすだに》などはラブホテルが集積していることもあり、ホテトルのメッカとして知られている。実際、これらの地域にあるラブホテルでは男性や女性が一人で出入りしている場面をよくみかける。

不倫がばれないようにカモフラージュしているということも考えられるが、実はホテトル嬢を呼んでいる場合が多い。

それでは、このホテトル産業の市場規模はどれぐらいの大きさになるのであろうか。ホテトルはいわゆる裏フーゾクで、その実態や規模については、ほとんど知られていないというのが実情だ。

このため推計の手がかりとなる数量的なデータは皆無に等しく、ホテトル産業の市場規模を正確に測ることは困難を極める。したがって、以下に示す筆者の推計は、いくつもの仮定をおいたうえで行ったものであり、その結果については十分幅をもって解釈をしていただきたい。

ここでは、風俗評論家の岩永文夫氏がその著書『フーゾクの経済学』で推測しているデータやさまざまな口コミ情報、逸話《いつわ》的情報などをもとにして推計を行っている。

岩永氏のこの著作に依拠《いきょ》すれば、渋谷、大塚、巣鴨、池袋《いけぶくろ》、新大久保、鶯谷を中心とした東京都内のホテトル業者の数は九九年時点で二八〇軒程度、客単価が一回三万円（ホテル代は別）、一日あたりの客数が一〇人で月商は二五億二〇〇〇万円程度と推測される。

各業者は営業地域を取り仕切る暴力団に対して毎月みかじめ料を一〇万円程度払っているので、この部分を費用として差し引くと、月商は二四億九〇〇〇万円、年間では二九九・〇億円と計算される。

これは東京都内だけの推計値である。

ホテトルもソープランドとほぼ同様の地理的分布をしていると仮定して、警察庁の資料をもとにホテトル数を全国規模に膨らませると、九九年のホテトル数は全国で一四〇〇軒、年間売上高（暴力団に支払うみかじめ料を除く）は一四九五億円に達する。

他の年次については、店舗数を警察庁発表の売春防止法違反検挙件数（派遣型）の数値をもとに遡及《そきゅう》推計し、客単価は消費者物価指数（個人サービス）で遡及推計する。

ホテトル市場の推移をみると、八〇年代前半に急拡大し、ピークの八七年には年間売上高が三九一九億円に及んだ。しかし九〇年代以降は、警察の取り締まり強化などの影響から規模が縮小しており、直近の二〇〇四年は八四二億円となっている。それでも、この数字は帝国ホテルの二〇〇五年三月期の売上高五二一億円の一・六倍にあたる大きさだ。

ホテトルの市場規模の推移

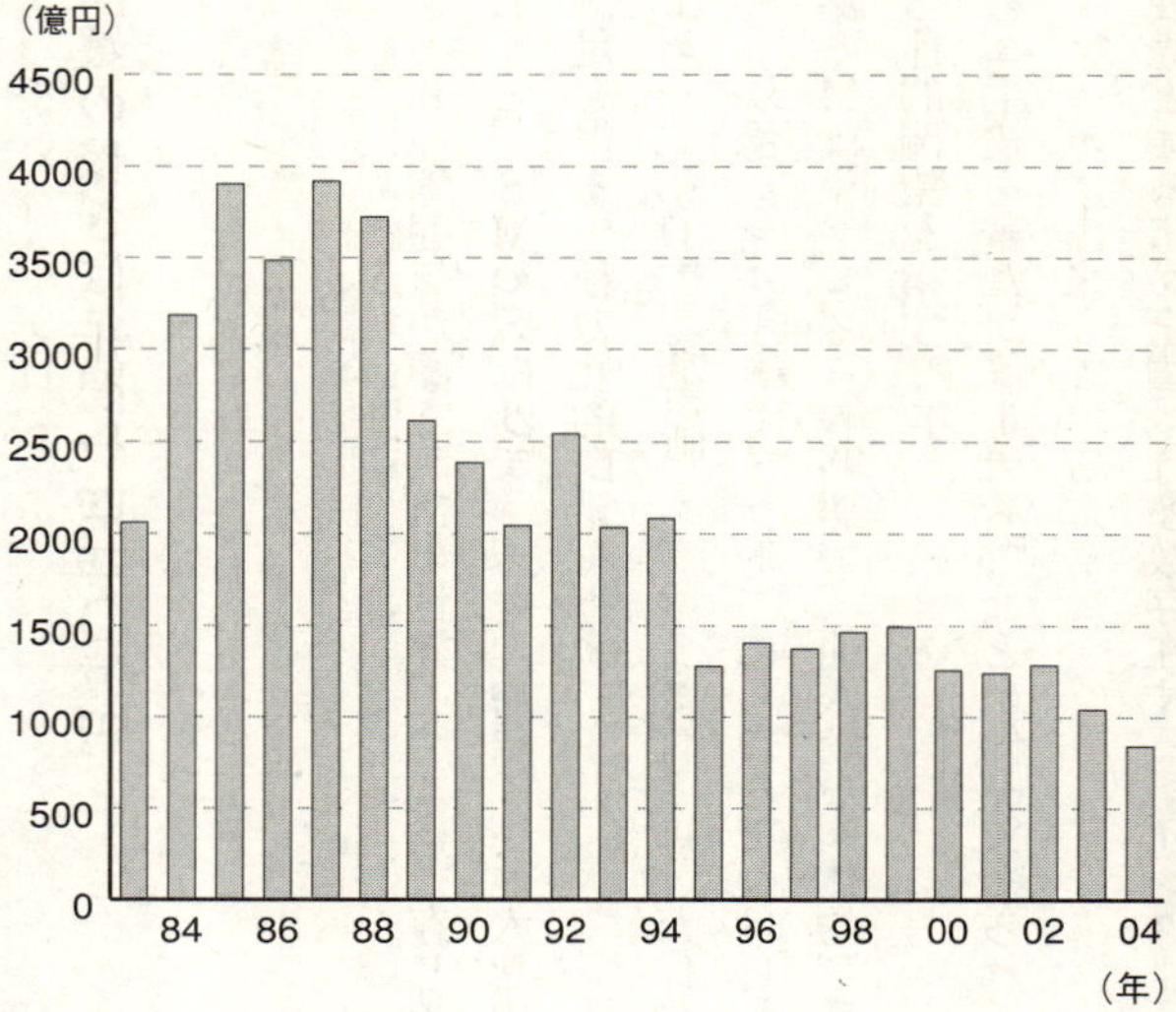

(各種資料より筆者推計)

▼日本全国のSM嬢の稼ぎは年間一四四〇億円

いかにもおどろおどろしい雰囲気が漂うSMの世界。すでにご存じの方も多いと思うが念のために確認しておくと、SMのSはサディズムの略語で、他人を肉体的、精神的に痛めつけることで性的満足を得る一種の性的倒錯を指す。

『悪徳の栄え』、『ソドム一二〇日』、『新ジュスティーヌ』といった作品で知られる一八世紀フランスの小説家サド侯爵（マルキ・ド・サド）にちなんでつけられた名称だ。

一方、Sと対極にあるMはマゾヒズムの略語で、他人から肉体的、精神的に痛めつけられることで快楽を得る性的倒錯を指す。

マゾヒズムの名称は『毛皮を着たヴィーナス』などの作品で知られる一九世紀ガルチアの小説家ザッヘル・マゾッホに由来している。

さて、このSMを商売とする店が全国には多数存在する。インターネット上の某SM情報サイトに登録しているSMクラブ、SMショーパブ、SMラウンジの数を調べたところ、合計で四五四軒にも達することがわかった。これを地域別にみると、都内の業者の登録が圧倒的に多く、とりわけ、五反田《ごたんだ》（五九軒）、池袋（四三軒）、渋谷（二六軒）などに業者が集中している。地方の中核都市にも少なからず業者が存在する。

各店には、平均して二〇人程度のS嬢（女王様）やM嬢（奴隷）、あるいはSM両者に対応できる人が登録しており、五〇人以上の登録者を抱える店もあるという。週刊誌「SPA!」の推計によれば、パーティ要員として登録している素人も含めて全国には二万人程度のSM嬢が働いているということだ。

SM嬢一人あたりの月収は六〇万円程度であるから、全国では一か月あたり一二〇億円、年間ではなんと一四四〇億円にも達する。

このSMクラブのシステムであるが、ほとんどの店は会員制となっている。会員登録する客には弁護士や医者、政治家などハイソサエティに属する人も多く含まれるため、顧客の情報が漏洩《ろうえい》することのないよう秘密厳守が徹底しているらしい。

一回のプレイ料金は、長年決まった相場があり、客がSとなるSプレイの場合六〇分で二万五〇〇〇～三万円程度、客がMとなるMプレイの場合には六〇分で二万円程度となっている。M女の身にリスクが伴《ともな》う分、Sプレイのほうが M プレイよりも割高になっているわけだ。他の風俗産業に比べてかなり高めの料金設定といえるが、その理由はSM店の数が少なく、ライバル店との価格競争が生じないという点にある。女王様やM女の取り分はお客が払った料金の半分程度。最近では、肉体的リスクを伴うとはいえ、高い収入を得られるという理由から、M女として登録する女性が増えているという。

実際には、現在のSMクラブにおいて、プレイ後に傷あとが残り、社会生活に支障をきたすようなハードなプレイが行われるということはほとんどない。

客の多くは、SMをやってみたいが怪我はしたくないという理由から、たいていソフトなプレイを希望する。したがって、通常のSMプレイでは、熱くならないよう工夫されたSM専用のろうそくやバラ鞭《むち》(先端が細かく分かれている鞭。一本鞭の場合にはスパンキングによって皮膚が裂けることがある)などが使用される。

九九年四月に風営法が改正され、無店舗形態の風俗店が届け出制になったことから、最近はプレイルームをもたずに、ホテルなどでプレイを行う出張形態のSMクラブが急増しているという。

とくに、M女系のクラブにそうした傾向が強くみられる。

東京都主要地域のSMクラブ、SMショーパブ・ラウンジ数

	SMクラブ	SMショーパブ・ラウンジ	合計
五反田	59	0	59
池　袋	40	3	43
渋　谷	22	4	26
鶯　谷	26	0	26
六本木	18	6	24
新　宿	18	4	22
日暮里	12	0	12
大　塚	11	0	11
上　野	5	0	5
大久保	5	0	5
目　黒	4	0	4
赤　坂	3	0	3
恵比寿	3	0	3
銀　座	0	1	1

（注）2001年12月7日現在の数字。
SM情報サイトに登録している業者の数であり、全数ではない。
（某SMクラブ情報サイトより作成）

なお、客は先ほど述べたプレイ料金のほかに、プレイルームを抱えるクラブではルーム使用料、出張系でホテルを使用するクラブはそのホテル代を支払う必要がある。

▼真っ暗なのは場内だけではない　低迷を続けるストリップ劇場

日本のストリップ劇場の歴史は戦後間もない一九四〇年代後半から始まる。一九四七年二月、帝都座五階劇場において、甲斐美春《かいみはる》という女優がルーベンスのアンドロメダという絵画を再現する「額縁《がくぶち》ショー」が行われた。これがストリップの始まりといわれている。ちなみに、額縁ショーというのは、巨大な額縁の中に裸の女性が入り、裸婦画のようにみせるものである。

人気を博した額縁ショーは、次第に本格的なストリップショーへと発展していき、ヌード専門のストリップ劇場が全国各地で相次いで造成されるようになった。

ショーの内容は、「特出し」、「レズ」、「天狗ショー」、「マナイタショー」と次第に過激なものへと変容し、公然猥褻《わいせつ》罪で検挙される者が相次ぐなど、風紀上、さまざまな問題が生じるようにもなった。

なお、ストリップには猥褻物陳列罪が適用されるのではないかと考える人もいるようだが、ストリッパーは生身の人間であり、モノではないので猥褻罪が適用される。

またストリッパーが「特出し」をしていた場合、そのストリッパーには猥褻罪が適用され、そのショーを主催した興業主も罰せられるが、観客が罪に問われるということはない（いうまでもないが一部のストリップ劇場で行われているといわれる売春の場合は買った側も処罰される）。

また、ストリップ劇場は、数々の芸人を生み出すことにも貢献した。萩本欽一《はぎもときんいち》さん、渥美清《あつみきよし》さん、東八郎《あずまはちろう》さん、ビートたけし（北野武《きたのたけし》）さんなど、ショーの幕間《まくあい》に行われるコントなどをきっかけとしてデビューした芸能人は少なくない。直木賞作家である井上《いのうえ》ひさしさんも「浅草フランス座」でコントの芝居を書いていたことがある。

しかし、八〇年代後半以降は、風俗産業の多様化やアダルトビデオの氾濫などの影響を受けて、ストリップ劇場に足を運ぶ客の数は減少傾向をたどるようになった。

客数の減少と歩調を合わせるように劇場の数も落ち込んでいる。警察庁の資料によってストリップ劇場等（ヌード・スタジオを含む）の推移をみると、八五年の六七五軒をピークに減少傾向をたどり、九〇年代に入ってからはほぼ横ばいの動きが続いている。

ストリップ劇場等の店舗数の推移

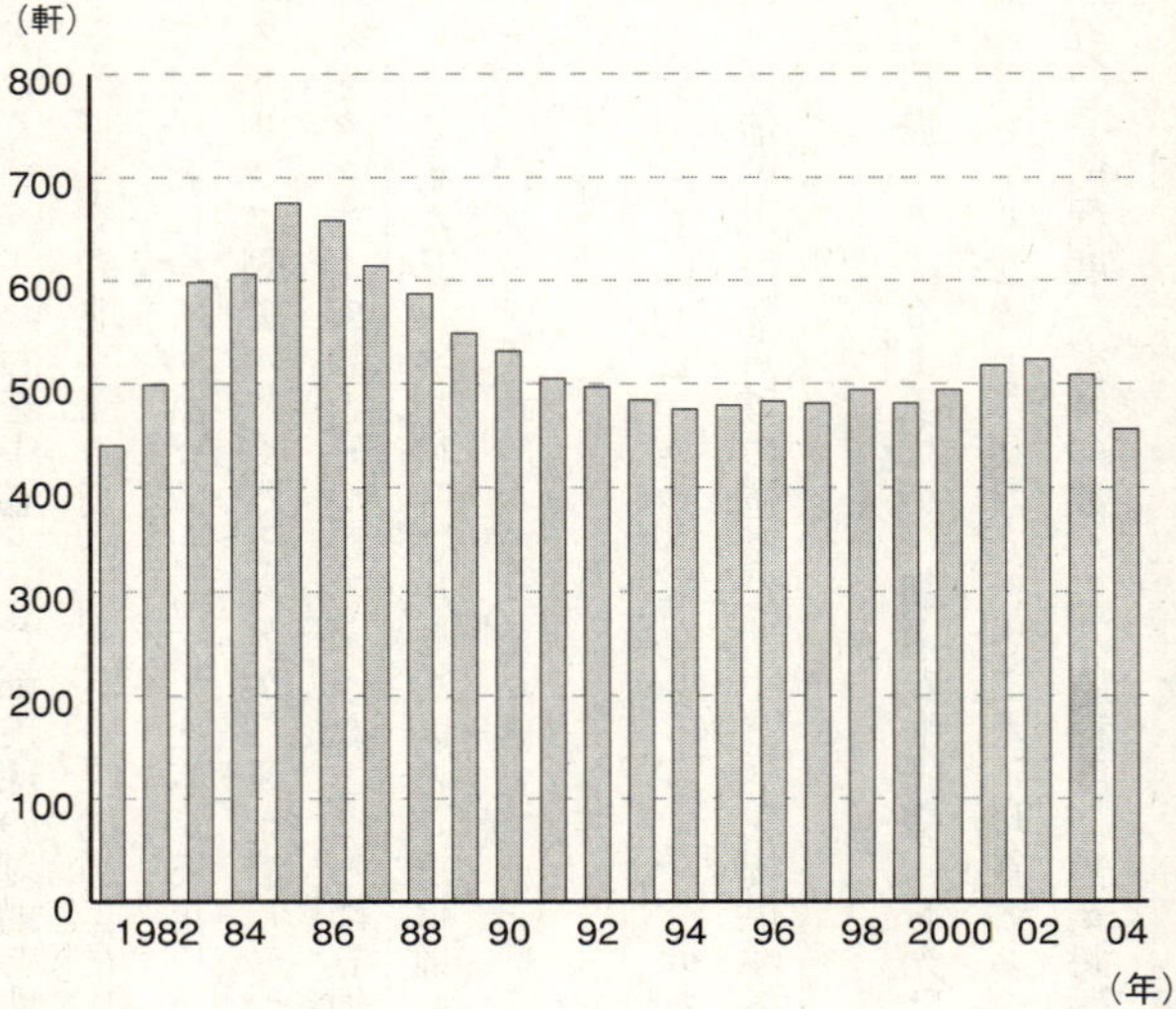

(注)ヌードスタジオなども含む(警察庁資料より作成)

ストリップ劇場は、大きくチェーン店を中心とした都市部の劇場と地方の温泉地域の劇場に分けることができるが、とくに地方部の劇場で業況の悪化が著《いちじる》しい。

ある温泉地域の劇場では一日に全くお客が入らないこともあるという。

地方の温泉にあったストリップ劇場の多くは経営難から姿を消しつつある。地方の劇場は、交通の便が悪くバスやタクシーで数十分かかるようなところに立地しており、また踊り子も高齢化が進んでいることから、客足の呼び戻しを図ることは難しい状況にある。

実際、もぎりのおばちゃんがダンサーだったりすることもあるというからかんべんしてほしい。

一方、都市部のチェーン店においても、業況は芳《かんば》しくないが、売れっ子のAV女優を踊り子として起用したり、他の風俗顔負けの過激なサービスを提供することなどで生き残りを図っている。

文字どおり体を張って頑張っているようだが、劇場の中同様、お先は暗そうだ。

筆者が全国三三店舗のサンプルをとって集計したところ、現在のストリップ劇場の平均的な姿は、入場料が四五〇〇円程度、客席の数が五八席程度、営業時間が六一六分程度となっている。

▼アダルトグッズの売れ筋を知っていますか

二〇〇一年五月、電気街のメッカ東京の秋葉原《あきはばら》の駅前一等地に巨大なアダルトショップが出現し、人々を驚かせた。

このアダルトショップのビルは地下一階から地上四階まであり、地下一階はアダルトビデオ、一階が一般ビデオ、二階がアダルトグッズ、三階がランジェリー・コスチューム・SMグッズ、四階が中古アダルトビデオという売り場構成になっている。このほかにも、最近、アダルトグッズを専門に扱うショップが全国各地に相次いでオープンしており、長い間低迷を続けていたアダルトショップ業界に復調の兆《きざ》しが現れている。

アダルトショップの歴史は江戸時代にまでさかのぼる。一六二六年、江戸の両国薬研《りょうごくやげん》堀《ぼり》に四ツ目屋という性具秘薬専門店がオープンし、その後、行商人が生活用品とともに性具を売り歩くようになったという。ラブホテルが建ち始めた一九七〇年頃からアダルトショップの数は急速に増加、あちこちで「大人のおもちゃ」という看板が目に付くようになった。しかし、警察の厳しい取り締まりや客数の減少などによって、八〇年代後半から九〇年代にかけて次第に勢いを失っていった。実際、警察庁の資料によって、アダルトショップの店舗数の推移をみると、一九八五年の二七〇〇軒をピークとして、その後は二〇〇四年（一二二一軒）まで一貫して減少傾向をたどっている。

もっとも、警察庁が把握しているアダルトショップは、アダルトグッズを専門に扱い（全商品の七～八割程度）、店舗型性風俗特殊営業として指定されている店舗であり、ここには近年増加傾向にある中古同人誌ショップや、コミック専門店、アニメ関係ショップは含まれていない。

これらの店においてもアダルト商品が収益の柱となっているのであるが、まだ展示している商品全体に占めるウエイトは低く（全商品に占めるアダルトグッズの割合が七～八割に達していない）、風営法上は通常の小売業と同じ扱いとなっている。

したがって、売り場の一部でアダルトグッズを販売している店舗も含めてカウントすれば、アダルトグッズの販売店はここ数年の間に大幅に増加しているとも考えられる。

さらに、インターネットの普及に伴い、通信販売によるアダルトグッズの販売が増加傾

アダルトショップ店舗数の推移

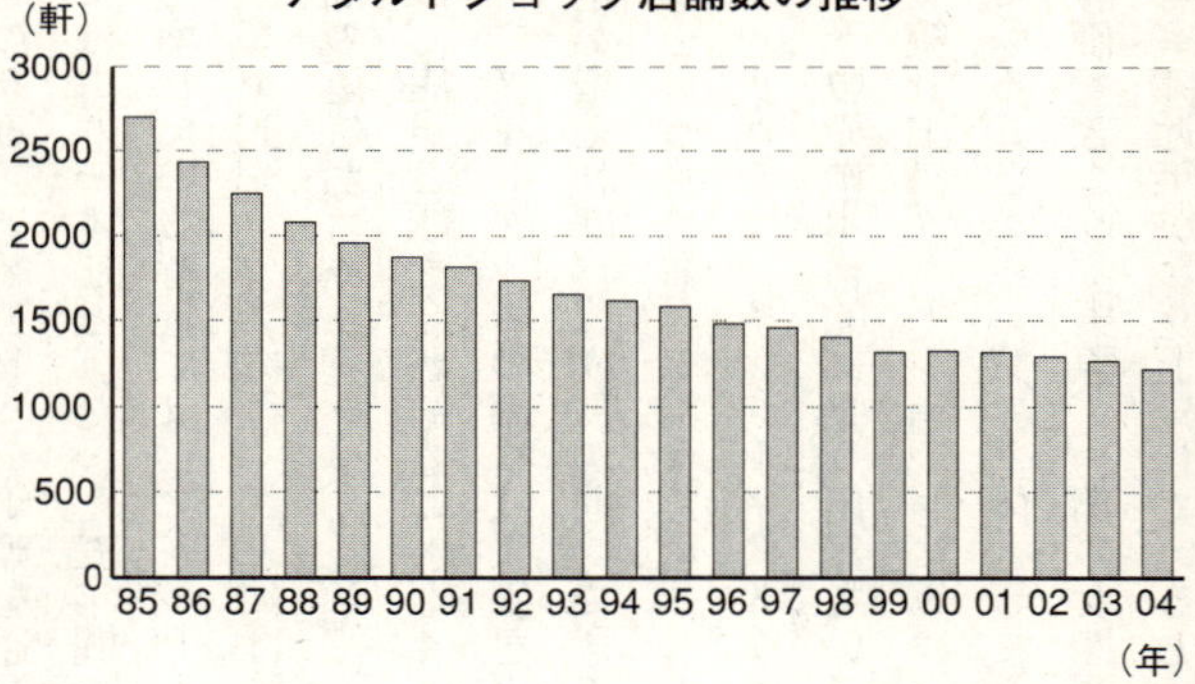

(警察庁資料より作成)

アダルトビデオ等通信販売業者の推移

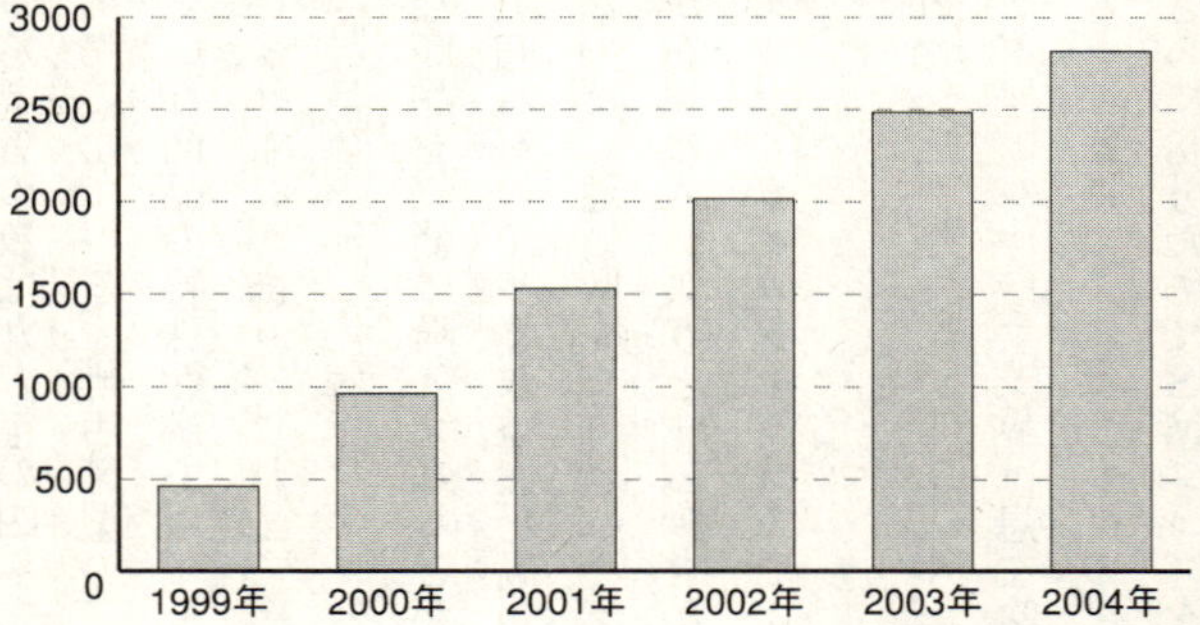

(警察庁資料より作成)

アダルトショップの売れ筋商品

1	ローション	4	猿ぐつわ・手錠セット
2	色つきコンドーム	5	ローター
3	バイブレーション	6	合法ドラッグ

向にある。アダルトビデオ等を通信販売する業者の数は九九年の四六二社から二〇〇四年には二八一六社と、たった五年間で六倍に膨らんでいる。無店舗型のアダルトショップが急増している背景には、アダルトグッズという商品の特殊性がある。モノがモノだけに、アダルトショップに行くことには後ろ暗いイメージがあり、これまで店に足を運ぶのは一部の勇気あるマニアに限られていたが、通信販売という「匿名性」が確保された世界では、店員と顔を合わせることなく、好きな商品を気軽に購入することができる。

アダルトグッズの価格は原価を大幅に上回るものが多く収益性が高いことから、販売数量が増えれば、急成長が期待できる分野なのだ。通信販売であればアダルトグッズが売れるという点に着目して多くのネット企業が新規参入しようとする動きが出ている。すでにアメリカでは、インターネット検索大手のヤフーがポルノビデオなどアダルトグッズのネット販売に本格的に乗り出している。

統計上アダルトショップにカウントされない店が増えていることや、無店舗型が急増していることから、業界全体としてみればアダルトショップ業界は息を吹き返しつつあると評価できよう。実際、一部の女性週刊誌などの報道によれば、女性のアダルトグッズの所有率は近年かなり上昇しているという。さらに自分たちでSMグッズを購入してソフトな

SMを楽しみたいというカップルや、性生活がマンネリ化した中高年のカップルなどがアダルトグッズを購入する動きも出てきている。

ちなみに、最近の売れ筋商品は、①ローション、②色つきコンドーム、③バイブレータ、④猿ぐつわ・手錠セット、⑤ローター、⑥合法ドラッグなどとなっているようだ。

▼平均落札価格は五〇〇〇円、新手の出会い系「セリクラ」

各都道府県が条例（青少年健全育成条例）により援助交際の温床となっているテレクラやデートクラブの出店規制を厳しくしていることから、店舗型の出会い系ビジネスを展開することは次第に困難になりつつある。

そうしたなかで、九九年末頃から全国的に店舗を増やしているのが、「セリクラ」という新手の店舗型出会い系ビジネスである。セリクラ（固有名詞）とは、女性とデートする権利を訪れた男性客に競《せ》り落とさせるオークション形式の風俗店で、現在のところは条例などによる規制の対象外となっている。アメリカのオークションにヒントを得て考案されたものらしい。

具体的なシステムは次のようになっている。

客の男性は入会金（三〇〇〇円程度）を支払って会員登録する。登録をすませると、一時間数千円の個室使用料を支払って店内の個室に案内される。

各個室にはテレビモニターが設置されており、女性が来店する都度、このモニターに番号札と年齢をつけた女性が映るようになっている。客は気に入った女性がいれば手元の入札伝票に（一時間のデートをするための）落札価格を記入して投票する。複数の投票があった場合には、最高値を提示した客が落札することになる。

デートする権利を落札した客は、店の外に女性を連れ出して食事をしたりするというものだ。女性のほうも、モニターで客の容姿を確認することができ、気に入らなければたとえ落札されてもデートを拒否することができる。

つまり、男女の思惑が一致した場合のみデートが成立するというわけだ。平均的な落札価格は四〇〇〇〜五〇〇〇円程度であるという。

セリクラは、テレクラや出会い系サイトなどと違って、事前に相手の容姿がわかるという点が売りとなっている。

しかも、オークション形式になっているので、自分の容姿に自信のない女性が参加してくる可能性は低く、容姿に関して自然淘汰《とうた》の原理が働くメリットもあるという。

セリクラは一応男女間の出会いを仲介することをうたい文句としているが、実際のところは、登録している女性のほとんどが女子中高生などの未成年者で落札価格の一定割合（通常は二割）を店側に支払っているという。

店側が売春目的で男性と女子中高生を引き合わせているといってもよく、今後セリクラが新たな援助交際の温床となってくる可能性が高い。

すでに、二〇〇一年四月には埼玉県に出店していたセリクラが、女子中学生に売春をあっせんしていたとして摘発されている。ちなみに、この女子中学生は一時間七〇〇〇円で落札されていた。

この店に登録していた女性は一〇〇人に上り、そのほとんどが中学生、高校生などの未成年者であったという。

九九年一一月に開店してから、摘発されるまでに延べ約一六〇〇人の客が訪れ、月商およそ一〇〇万円、計およそ六四〇万円の売り上げを記録していた。

また、二〇〇三年八月には、大阪・ミナミでもセリクラが摘発された。この店では、客から入場料三〇〇〇円を徴収したうえ、最低落札価格を一〇〇〇円に設定して、競りを行っていた。男性三〇〇人、女性五〇人が会員登録をしていたという。

フーゾク界のニューウェーブ、恐るべしである。

▼五年間で八倍の急成長！　デリバリーヘルス業界

近年、飛ぶ鳥を落とす勢いで躍進している風俗産業がデリバリーヘルス（デリヘル）である。デリバリーヘルスは、通常の店舗型ファッションヘルスが提供する一連のサービスをホテルやお客の自宅などへ出張して行う無店舗形態の風俗店のことで別名「出張ヘルス」とも呼ばれる。

デリヘルにはいわゆる売春行為がなく、その点、同じ無店舗形態の風俗でサービスのなかに売春行為が含まれるホテトルやマントルなどとは性格を異にする。経営サイドからすると、

①店舗に個室を構えていないので営業時間に関する規制がかからず二四時間営業ができること

②開業のための設備資金がほとんどかからない

③狭い個室ではなくのびのびとプライベート感覚を楽しみたいというお客の需要とマッチしている

などが店舗形態のファッションヘルスと比べたメリットとなっており、マンションやアパートに住む独身者を中心に人気を呼んでいる。最近では、ただ話し相手になってほしいとの理由から、デリヘル嬢を自宅に呼ぶ中高年男性も増えているという。彼らは、デリヘル嬢に性的なサービスを求めず、会話や添い寝を楽しむだけ。会社や家庭でのストレスをデリヘルで解消しようとしているのだ。一店で複数の電話番号登録をしていたり、店舗型から無店舗型に業態転換する業者も多い。

これまでは料金が交通費の分だけ店舗型ヘルスを上回ってしまう点がデリヘルのネックとなっていたのだが、最近では経営努力により交通費の削減も進んでおり、料金の格差は縮小傾向にある。

また、交通費の削減に伴って、一つの業者がカバーするエリアも広がりを見せ始めている。たとえば、横浜に拠点をもつあるデリヘル業者の場合、出張エリアは神奈川全域から東京都の一部にまで及ぶ。

デリヘルは、九九年四月施行の改正風営法で警察への届け出が義務付けられるまではす

デリバリー・ヘルスの業者数

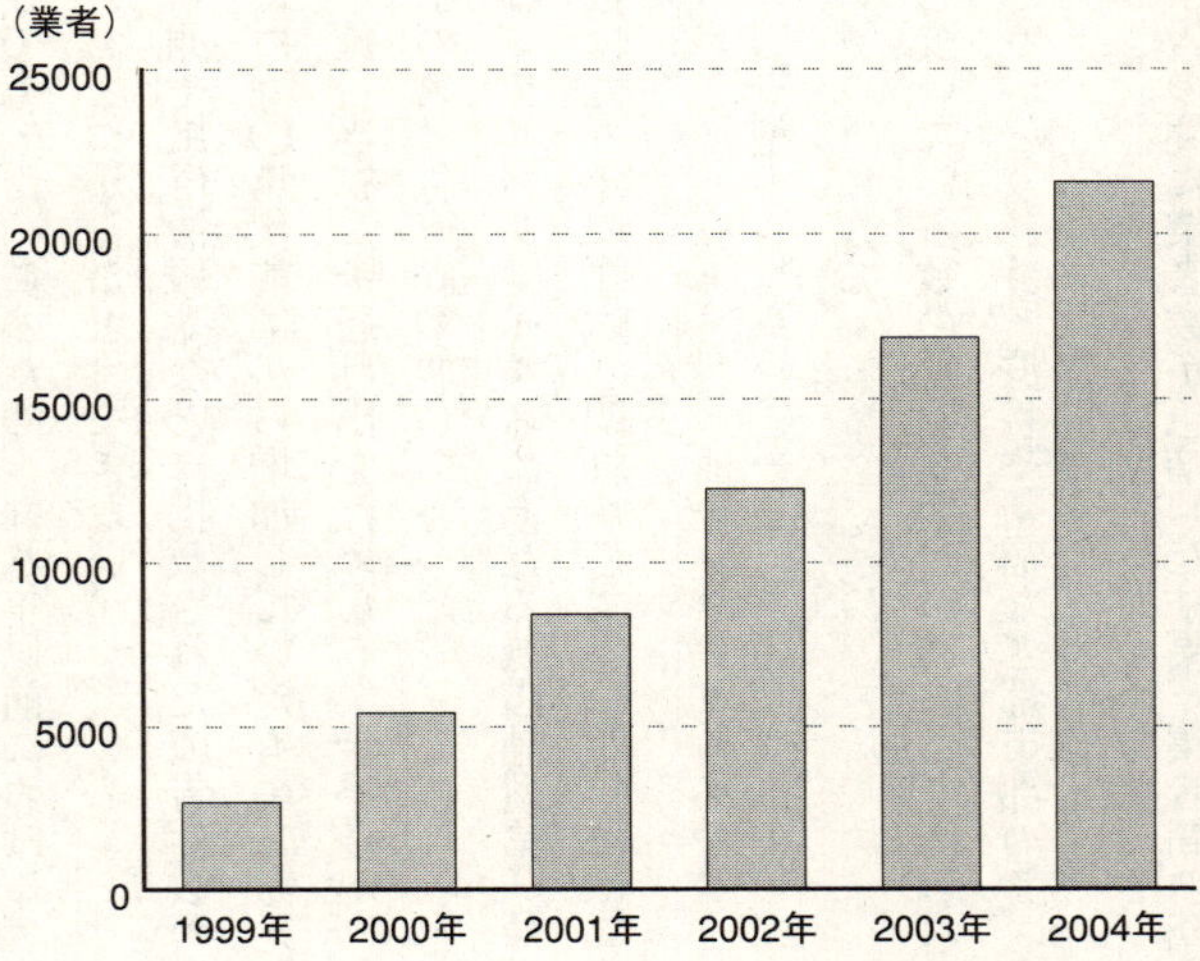

（警察庁資料より作成）

べて地下にもぐった存在であった。このため、九八年以前におけるデリヘル業者の数や売り上げなどの実態はほとんどつかむことはできない。

それでも、スポーツ新聞や風俗情報誌などに掲載された広告件数の推移などから判断して、デリヘル業者はすでに九〇年代前半から増加していたものと考えられる。

改正風営法施行後は、施行当初こそ届け出をためらう業者が多かったが、その後数か月の間に、警察への届け出の数は急速に増加していった。

警察庁の資料によれば、デリバリーヘルスにあたる無店舗型第一号営業（派遣型ファッションヘルス）の業者数は九九年の二六八四軒から二〇〇四年には二万一五七〇軒と五年間で約八倍に膨らんでいる。

二〇〇四年時点では、店舗型ヘルス（一〇一三軒）の実に二一・三倍にも及ぶデリヘル業者が営業していたということになる。

もちろん、届け出をしていない多数のもぐり業者がいると考えられるので実態としての業者数はさらに多いだろう。とりわけ、渋谷や新宿など都市部のラブホテル密集地域で多くの業者が営業している。

ただ、ここ数年のブームの間に業者数が急増した結果、業者間の競争はかなり激しくなっており、新規参入の増加とともにライバル社との競争に敗れて撤退する業者の数も増えている。

合法店と届け出をしていない非合法店を合わせたデリヘル全体の売上高を推計すると、二〇〇四年は、なんと二兆円の規模に達する（このうちモグリ営業部分は六〇二三億円程度）。

第二章　身近な「悪」の地下経済

▼書店の恐怖、万引きの増大

二〇〇三年一月、神奈川県川崎《かわさき》市の古書店で、万引きをして逃げた中学三年（当時）の男子生徒が、電車にはねられ死亡するという事件が起きた。

古書店の店長が、漫画の古本六冊（一七五〇円相当）を万引きした現場を押さえ、男子生徒に名前を尋ねたが、学校名や自分の名前を偽って申告したため、やむを得ず警察に通報した。連絡を受けて駆けつけた川崎署員に対しても名前を明かそうとしなかったので、署員が任意同行を求めると、男子生徒は突然逃走した。生徒は、店から約七〇メートル離れた私鉄沿線の踏切りで、下りた遮断機をくぐり抜けて線路内に入り、ちょうど走ってきた特急列車にひかれてしまったのである。

この事件は大きな波紋を呼び、店長がとった行動を巡って、雑誌、新聞、ネット上で賛否両論が入り乱れた。一部の心無い人から「人殺し」、「少年なのに配慮が足りない」などと、一一〇番通報したことを非難された店長は、精神的なショックを受け、一時、店を閉店した。その後、「店側に落ち度はなかった」と店長を支持する声があがったこともあり、気を取り直して営業を再開したが、万引きを見つけても注意することができなくなり、結局、二〇〇三年六月に閉店してしまった。果たして、万引きをした少年が死んだのは、古書店の店長のせいといえるのだろうか。

まず、統計やアンケート調査によって、万引きの実態を眺めてみよう。近年、商品の万引き事件は全国各地で多発している。万引き被害の認知件数の推移をみると、九七年には一〇万六一八一件にとどまっていたが、その後急増するようになり、直近の二〇〇四年は前年比八・〇%増の一五万八〇二〇件を記録した。

あらゆる小売店は少なからず万引きの被害を受けているといわれるが、とりわけ書店やドラッグストアの被害が深刻だ。

書店の万引き被害の実態をみると、一九八二年時点では新刊書店の万引きによる損失は売上高の〇・三%程度であったが、最近ではそれが一%程度にまで上昇したといわれる。全国にチェーン展開するある大手書店では、一年間で数億円分の本が万引きによって失われている。書店の場合、一冊の本を万引きされると、その損失をカバーするためには四冊もの本を売らなくてはならない。

経済産業省が二〇〇二年に全国の書店二五三〇店を対象に実施した「書店における万引きに関するアンケート」調査によると、万引き一件あたりの被害額は平均九四三三円にも上り、万引きが見過ごすことのできない犯罪であることがわかる。一店あたりの年間被害金額は平均二一〇万円で、これは書店の売り上げの一～二%に相当する。平均的な書店の税引き前利益が売り上げの一〇%程度であることを踏まえれば、万引きが書店の利益をかなり圧迫していると推測される。

一方、日本チェーンドラッグ業界の調査によれば、ドラッグストア一店あたりの万引き被害はおよそ二〇〇万円となっている。ドラッグストアでは高額な化粧品を取り扱うところが多く、これらの商品が万引きのターゲットになっている。ドラッグストアも、書店と同様、二〇〇〇円の商品を万引きされると八〇〇〇円分の商品を売らなければ採算が合わなくなってしまうといわれる。

万引きを行うのは主に未成年者を中心とした客で、被害の六割は中学・高校生によって引き起こされたものだ(前出の経済産業省のアンケートによると、万引き犯の五五%が中学・高校生、一四%が主婦、七%がサラリーマン)。彼らは、基本的に万引きすることに対して罪悪感を持っていない。東京都が都内在学の中学・高校生一四〇三名を対象に実施した「万引きに関する青少年意識調査」（二〇〇四年二月実施）によると、全体の七四・八％が「絶対やってはいけない」と考えるが、二二・二％は「大きな問題ではない」、「さほど問題ではない」と考えていることが分かった。麻薬等については、全体の九一・八％が「絶対にやってはいけない」と回答しており、他の犯罪に比べて万引きに対する規範意識が弱いことがうかがえる。

二〇〇三年の夏頃から書店業界で新たな問題として浮上してきたいわゆる「デジタル万引き」についても、若年層において犯罪意識が希薄となっている。「デジタル万引き」とは、カメラ付き携帯電話の誕生によって出てきた新しいタイプの窃盗（刑法上の窃盗罪とはならない）で、雑誌や書籍などについて、自分の欲しい情報だけをカメラで写して持ち帰ってしまう行為をさす。携帯電話のカメラは小型で記事などを撮影していても発見しづらいこと、技術進歩により画質が向上していることなどが「デジタル万引き」の増加に影響している。

モバイルコンテンツとソリューションを提供しているネプロジャパンがインターネット上で行ったアンケート調査（二〇〇三年八月実施、回答者数六〇八六人）により、「デジタル万引き」に対する意識を年齢層別にみると、高い年齢層では「犯罪に等しい」、「あまりよくないこと」だと思っている人が圧倒的に多いことがわかった。「別にいい」という回答は、一〇代から二〇代といった若い世代に多く、一〇代では全体の二九％が「デジタル万引き」を容認している。

万引きの動機や目的も悪質化している。これまでの万引きでは、ちょっとした出来心や、お金はないがどうしても欲しい本があってやむにやまれず盗んでしまうといったケースが多かったが、最近では換金を目的とした大量万引き、高額万引きが横行している。この背景には中古マーケットが発達してきたことがある。書店を例にとれば、新刊を扱う店で写真集やコミックなどをまとめて盗み、それを古書チェーン店などで販売して利益を得ようとする者が増加している。前出の経済産業省のアンケート調査では、換金目的の万引きは全体の一四％程度にとどまっているが、調査が自己申告に基づくことを踏まえれば、実際にはその数倍程度が換金目的と考えられる。被害に遭う商品の種類をみても、新古書店で換金しやすいコミックス（万引き一件あたりの被害点数は六・六冊）や写真集（同四・一冊）が中心となっていることがわかる。

では、万引きによる被害総額は年間でどれぐらいの規模になるのであろうか。書店の場

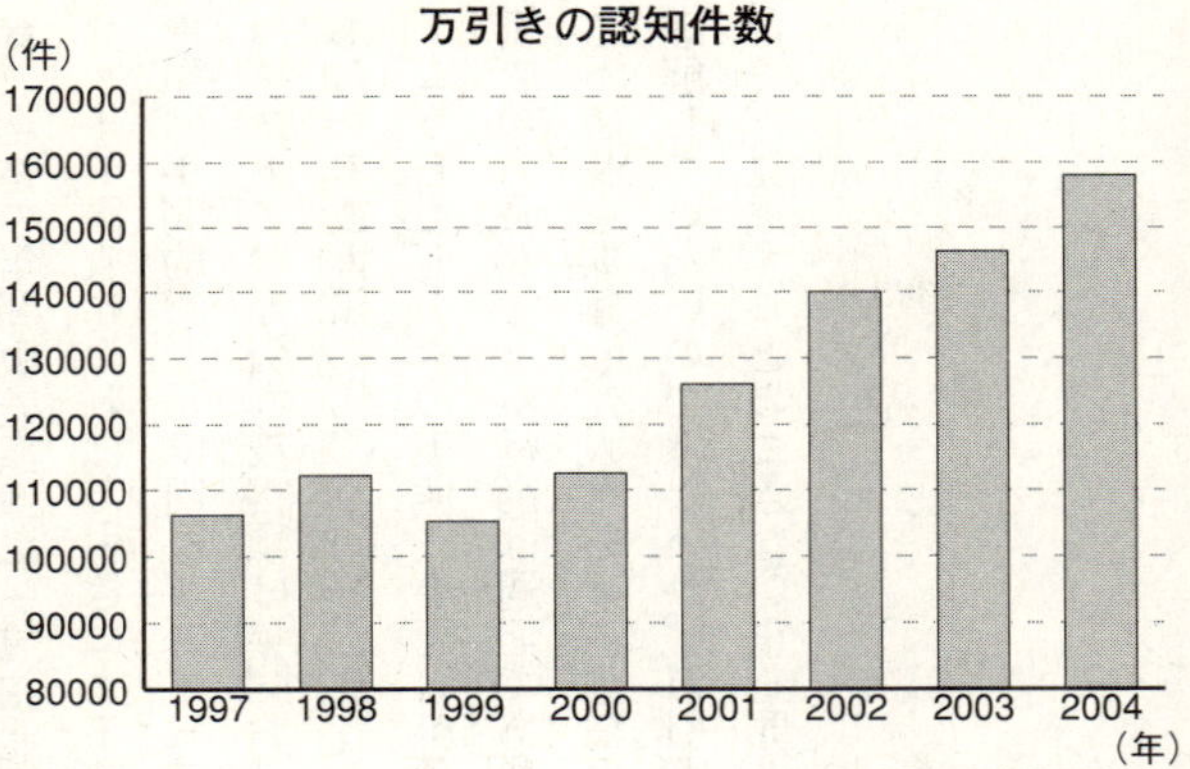

(警察庁資料より作成)

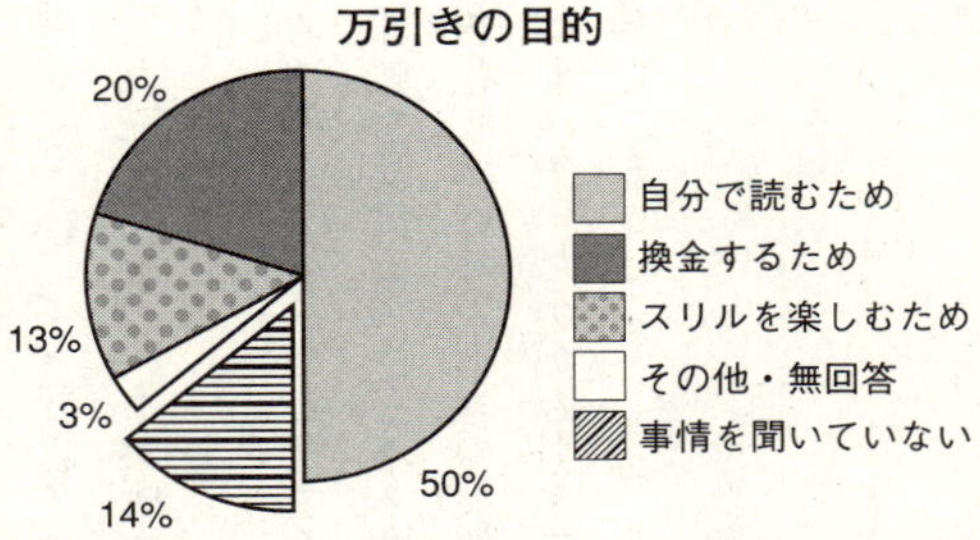

(経済産業省「書店における万引きに関するアンケート結果について」より作成)

万引きの対象となった商品・数量

種類	コミックス	写真集	月刊・週刊誌	一般書籍	文庫新書	CD	ビデオ・DVD
1件あたりの被害点数(平均)	6.6	4.1	3.9	3.4	4.0	3.1	4.3

(経済産業省「書店における万引きに関するアンケート結果について」より作成)

合、全体の年間販売額は二・三四兆円程度となっている（二〇〇二年）。経済産業省のアンケート調査によれば万引きによる書店の被害は売上高の一～二％であるから、万引き被害額は年間約四七〇億円（≒二・三四兆円×〇・〇二）と計算される。また、全国のドラッグストアの万引き被害額は年間およそ二九三・三億円（事業所数一万四六六四店×一店あたりの被害額二〇〇万円）と推計される。

こうした万引きの実態や小売店が受ける被害の深刻さを考慮すると、冒頭で紹介した古書店の店長がとった行動は適切であり、非難を受けるような落ち度は全くなかったといえる。店長を非難した人たちは、急激に悪質化している万引きの実態や被害の大きさをよく理解していないのではないか。万引きは、もはや「たかが万引き」で済まされるものではなく、見逃すことのできない重犯罪となっているのだ。

▼キセル乗車の損害額は利益の一割も

電車に乗る際、乗車区間の両端の切符や定期券を持っているが、その途中の区間を無賃乗車することを「キセル」、もしくは「キセル乗車」という。

鉄道運賃が年々値上げされ、高い運賃を支払わなければならないなかで、キセルをしたくなるという気持ちはわからないでもないが、きちんと切符を購入して電車に乗っている人や鉄道会社にとっては迷惑な話である。

九八年四月に東京の小田急が自社の路線を利用している人五七五名を対象に行った「不正乗車に関するアンケート調査」によれば、キセルについて「れっきとした犯罪、絶対にやるべきではない」と回答した人が三五・五%、また「ちゃんと払っている人に不公平だ」と回答した人が三一・七%に達したのに対して「皆がやっていることなので悪いことだとは思わない」と回答した人はわずか〇・五%にとどまった。

当然といえば当然だが、世論はキセル乗車を許していない。

とはいえ、このキセル乗車、自動改札システムが普及する前はかなりの人数がやっていた。たとえば、自動改札機導入前にJRがある区間を対象に行った調査によれば、定期券を持っていて、定期券の乗車可能区間外で乗車していた者約六〇〇〇人のうち、正規の切符を購入していた者はわずか一〇〇〇人にとどまっていたという。

また、京浜急行が、自動改札機導入前に初乗り切符の回収率調査を行ったところ、二〇%以上の切符が未回収となっていることがわかった。

これらの事実は不正乗車がかなりの件数に上っていたことを示唆している。

JR東日本の場合、キセルによる年間の損害額は三〇〇億円に上っていたともいわれる。二〇〇一年三月に発表されたJR東日本の年間の営業利益が三一三七億円であるから、その被害の大きさがわかる。

しかし、鉄道各社が自動改札システムやキセル乗車防止システムを導入するようになってからは、キセル乗車をする人の数が急減するようになった。

JR東日本がキセル防止システム導入一か月後に六二駅を対象に行った実態調査によると、キセルに使用されることの多い最短区間の乗車券の発売枚数が前年比マイナス一四%

キセルに関するアンケート調査

鉄道会社側も不正乗車ができないように設備を整備すべきだ	49.4%
れっきとした犯罪、絶対にやるべきではない	35.5%
ちゃんと払っている人に対して不公平だ	31.7%
皆がやっていることで悪いとは思わない	0.5%
その他のご意見	3.8%

（注）小田急電鉄が1998年4月に小田急線利用者575人を対象に行ったアンケート、複数回答可（小田急資料より作成）

高額の追徴料金を請求されたキセル

時期	不正乗車区間	不正乗車期間	追徴料金請求額	鉄道名
1998年	高崎（群馬県）一新宿（東京都）間	4年間	約1,500万円	JR東日本
1993年	野木（栃木県）一神田（東京都）間	5年間	1,373万円	JR東日本
1999年	苫小牧（北海道）一札幌（北海道）間	1年以上	720万円	JR北海道
1982年	鴨宮（神奈川県小田原市）一品川（東京都）間	2年間	443万4千円	旧国鉄

（新聞報道などより作成）

と激減し、少なくとも約一億五〇〇〇万円の防止効果があったという。

JR東日本では、キセル乗車防止システムの導入によって年間七〇億円程度のキセルによる料金徴収漏れが防げると期待している。

ところで、キセル乗車が発覚した場合、旅客鉄道会社は鉄道営業法に基《もと》づき、正規の運賃(定期の場合は往復)の三倍に当たる金額を不正乗車していた日数分(過去五年間まで有効)だけ請求することができる。

ちなみに、キセルに対する過去最高の追徴金額は約一五〇〇万円。九八年八月一一日、JR高崎駅から新宿駅までの通勤区間において、四年間にわたりキセルを続けていたのを見つかった会社員。高崎—新宿駅間の運賃は片道一八九〇円で、六か月間の定期代は二五万四〇一〇円。

きちんと定期券を購入していれば四年間で二〇〇万円程度の支払いで済んだところを、この会社員は新幹線も利用していたため、約一五〇〇万円もの支払いを請求されることとなった。会社から支給される定期代の一部を浮かせて小遣いにしようと思ったのだろうが、ずいぶんと高くついたものだ。支払いは分割払いにしたということだ。

▼私大医学部への裏口入学の相場はおよそ六〇〇〇万円

「隣のお子さん、バカボンみたいな顔をしていて勉強全然できなかったのに〇〇大学の医学部に現役合格したんですって」「えっ、本当？　親の金回りがいいので、きっと裏口入学したのよ」受験の後日談として、こんなうわさ話が主婦たちの間で交わされたりする。うわさ話は、真実ではなく単なるうわさで終わることが多いのだが、ごくまれに本当に「裏口入学」をしているケースがある。

裏口入学をした人たちは、どれぐらいのお金を積んでいるのであろうか。仲介をした人たちの証言に基づけば、謝礼の相場は受験生の出来不出来にも左右されるが、私立大学の医学部に入学するためには四五〇〇万円から六〇〇〇万円程度が必要だという。医学部以外の無名大学のなかには、数百万円から一千万円で入れるところもあるらしい。

受験生が裏口入学するまでの流れとしては、まず代議士などのコネを利用して両親が大学の首脳陣に近づく。首脳陣と懇意になり、特別推薦枠に入れてもらう約束をとりつけた上で、願書を提出する。受験番号が決まったら大学に連絡する。受験が終わると、その日の夜に大学から電話がかかってきて、試験の成績に基づいて、合格に必要な寄付金の額が告げられる。両親は指定された日に直接大学に出向いて、現金で寄付金を納める。

「両親が子を思う気持ち」や「公にはできない」、「多額の資金が動く」という特徴を巧みに利用して、裏口入学のあっせん詐欺も多発している。過去に発生した裏口入学のあっせん詐欺事件で受験生の親が詐欺師に払ったお金の相場はおおむね図表に示したとおりとなっている。二〇〇一年一月には、大学入試の「裏口入学」の枠がインターネット上のオークションに出品されるという珍事件が発生した。オークションに出品されたのは、東京都内の有名私大の医学部入試特別推薦枠で、最低入札価格一五〇〇万円、入札期限一週間となっていた。落札すると、出品者が大学首脳に裏口入学のお願いをしに行き、了解を得たうえで受験する。一般入試では三〇〇点満点で二四〇点とっても合格が難しいところを、一〇〇点とれれば合格できるという内容だ。オークションを管理するネット会社がこのサイトに気づき、あわてて削除したため結局落札は成立しなかったが、出品者のメールアドレスには多数の問い合わせがあったという。

「裏口入学」仲介手数料の相場

あっせん先	相場
私大医学部	4000万円～6500万円程度
私大医学部以外	数百万円～1000万円程度

（新聞報道などより作成）

「裏口入学」口利き詐欺の相場

事件発生年	あっせん先	相場
1993	東海地方の私大	800万円
1997	有名私立大中等部	1000万円
1998	関西の私大医学部	2500万円
1998	有名私立大中等部	3500万円
1999	私大医学部	1000万円
2002	看護学校	60万円

（新聞報道などより作成）

▼痴漢が増加するかたわらで痴漢被害を装った小遣い稼ぎも増加

満員電車の中で女子高生を狙った痴漢が多発している。昭和女子大学のグループが二〇〇〇年の九月から一一月に女子高生を対象に行ったアンケート調査によれば、全回答者の実に六八・四％が痴漢の被害に遭ったことがあるという。

被害に遭った場所については、「電車の中」を挙げる者が圧倒的に多く、全体の七七・九％に達する。一部の電鉄会社が女性専用車両を導入するなど、電車内での痴漢防止策は強化されているが、際立《きわだ》った効果を挙げていないというのが実情だ。

電車内での痴漢が増える一方、一部の女子高生はそれを逆手《ぎやくて》にとって小遣い稼ぎをしている。

朝の通勤ラッシュ。サラリーマンのAさんは自分の前の席が空いたのでほっと一息つきながら腰を下ろした。うとうとし始めたとき、突然、隣の席に座っていた女子高生がAさ

女子高生の痴漢被害経験の有無

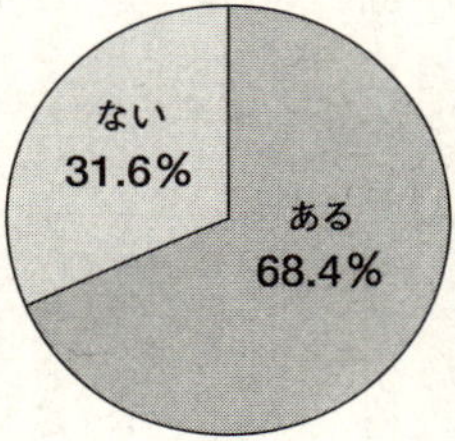

女子高生が痴漢の被害を受けた場所（複数回答可）

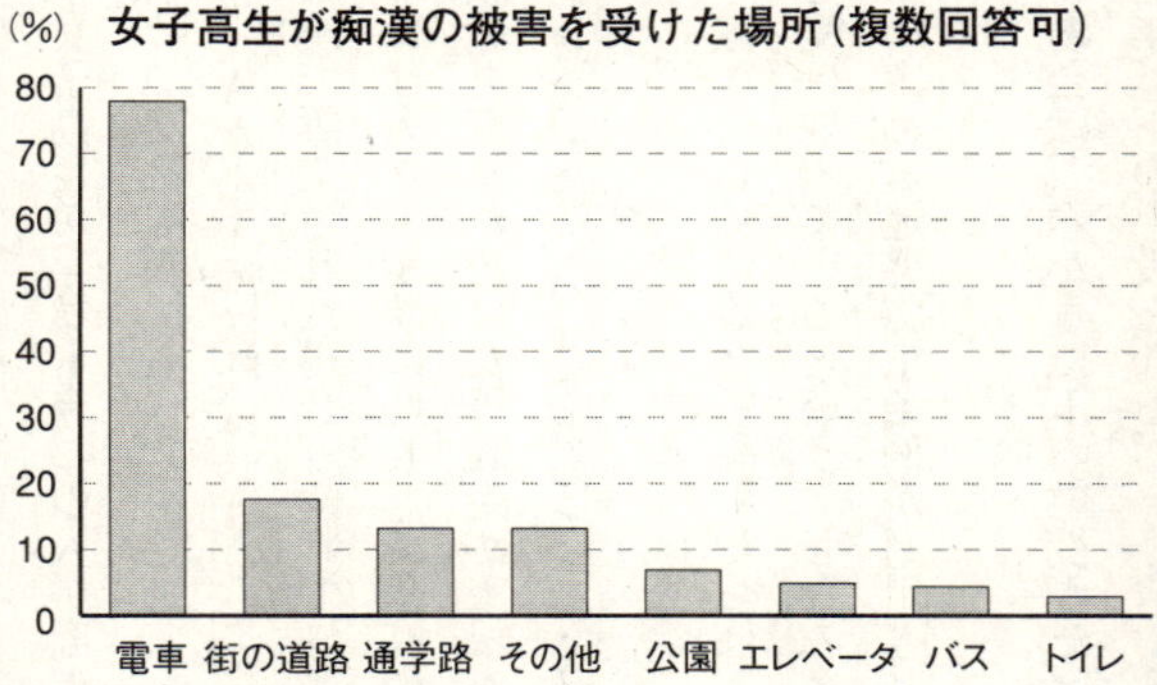

（注）調査対象は女子高校生297人、調査期間は2000年9月〜11月
（昭和女子大学のアンケート調査）

痴漢の被害に遭いやすいスポット

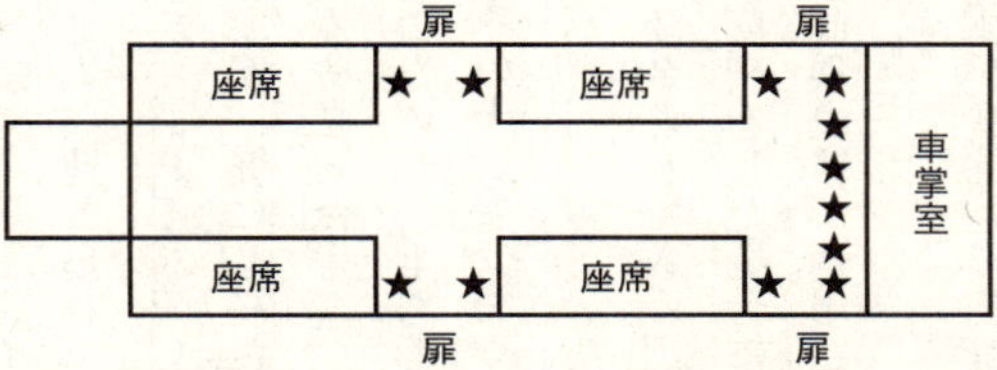

★印のついたところが痴漢が頻繁に出る場所

んの腕をつかみ、「おじさん、今、痴漢したでしょ!」と大きな声で叫んだ。さらに、Aさんの前に立っていた別の女子高生が「私も今この人が痴漢しているところをみました」と叫ぶ。乗客の冷たい視線がAさんに降り注ぐ。Aさんは、女子高生2人に連れられて次の駅で降ろされた。すると、Aさんを痴漢呼ばわりした女子高生は、「示談にしてもいいけど……」と切り出す。痴漢で訴えられた場合、裁判で無罪になる確率が一%にも満たないことを知っていたAさんは仕方なく示談に応じ、女子高生に五万円を支払った。

実はこの痴漢事件、示談金を稼ぐために女子高生がでっちあげたものなのだ。もちろん目撃したという女子高生もグル。最近の痴漢事件ではこうしたケースが決して少なくない。

痴漢被害を装って小遣い稼ぎをしている女子高生たちは、一回の示談金として数万円から多いときには数十万円を受け取っているという。ちなみに、本当に痴漢をした場合に支払う罰金の額は、都道府県の定める迷惑防止条例が適用されるか、強制猥褻罪が適用されるかによって異なる。

東京都の迷惑防止条例の場合は、六か月以下の懲役または五〇万円以下の罰金、強制猥褻罪の場合は六か月以上七年以下の懲役となる。

どちらが適用されるかは女性の下着の中に手を入れたか否《いな》か（入れた場合は強制猥褻罪）によって決まるそうだ。

混んだ電車に乗るときには、女子高生だけでなくサラリーマンも、99ページの図表に示したスポットには近づかないほうがいいかもしれない……。

▼大人のひきこもりの急増で日本のGDPが一％低下

九〇年代に入って「ひきこもり」の数が急増し、深刻な社会問題となっている。「ひきこもり」とは、一般に、六か月以上学校や仕事に行かずに自宅にひきこもっている状態にある人のことをいう。

厚生労働省の資料によれば、九九年度の一年間に全国の保健所などに寄せられた「ひきこもり」の相談件数は六一五一件にも達する。年齢別の内訳をみると、二一～二五歳の層が二〇・八％と最も多く、二六～三〇歳の層が一八・二％、三一～三五歳の層が一〇・二％、三六歳以上が八・六％と、全体の六割を二〇代、三〇代を中心とした働き盛りの大人が占め、成人のひきこもりが深刻化していることを裏付ける結果となった。

また、ひきこもりの期間別に内訳をみると、最も多いのは一～三年未満（二六・三％）であったが、五年以上の長期にわたってひきこもっているケースも全体の四分の一を占め、ひきこもりが長期化していることの一端をうかがうことができる。

九九年時点で小中学校の不登校児はおよそ一三万八〇〇〇人であるから、単純に計算すれば（四分の一のケースが長期化するとすれば）三万二〇〇〇人はひきこもりをしたまま成人になる。さらに、男女別にみると、男性が女性より二・七倍も多くなっている。

ひきこもりのきっかけはさまざまであるが、いじめや学業不振、受験の失敗などの挫折《ざせつ》経験が引き金となることが多いようだ。ひきこもりが長期化すると、対人恐怖や不眠、家庭内暴力、自殺などにつながっていくこともある。実際上述の厚生労働省の調査でも「ひきこもり」に伴う問題行動として、親への暴力（全体の一八％）、自傷行為・自殺未遂（同二％）などが挙げられている。

もちろん、厚生労働省が今回発表した数字は身内が相談を持ちかけた件数であり、いわば氷山の一角にすぎない。ひきこもりを抱える家族はそれを隠そうとする傾向が強く、実際のひきこもりの人数はずっと多いと考えられている。専門の研究者やカウンセラーは、現在の日本にはひきこもりが六〇万人から一〇〇万人いると推定しているが、実態はよくわかっていないというのが現状である。

そこで、マクロ的な視点から「ひきこもり」が日本経済に及ぼしている影響を考えてみよう。九九年度における就業者一人あたりの付加価値額は七八〇万円〈産業の付加価値総額（五二〇兆六八五一億円）÷就業者数（六六六九万人）〉であるから、これに成人のひきこもりの推定人数（ここでは一〇〇万人の六割として六〇万人とする）を掛けると、四・七兆円となる。

つまり、ひきこもりに伴い就業しない成人が増えることによって、GDPが四・七兆円、率にして〇・九％押し下げられていると解釈することができる。

今後、ひきこもりの数はさらに増えつづけていくとみる専門家は多い。厚生労働省は、今回のひきこもり調査をきっかけとして、精神保健福祉センターや保健所、市町村など相談機関向けのガイドラインを作成し、配布した。

ひきこもりに対する行政の対応は始まったばかりであるが、良質な日本の労働力を維持し、潜在成長率を高めていくためにも、ひきこもりの問題に対して早急な対応が望まれる。

下手な景気対策やかけ声だけの構造改革よりも、ひきこもり対策のほうが、ずっと景気回復には効果がありそうである。

ひきこもり相談の概況
(全相談件数に対する構成比)

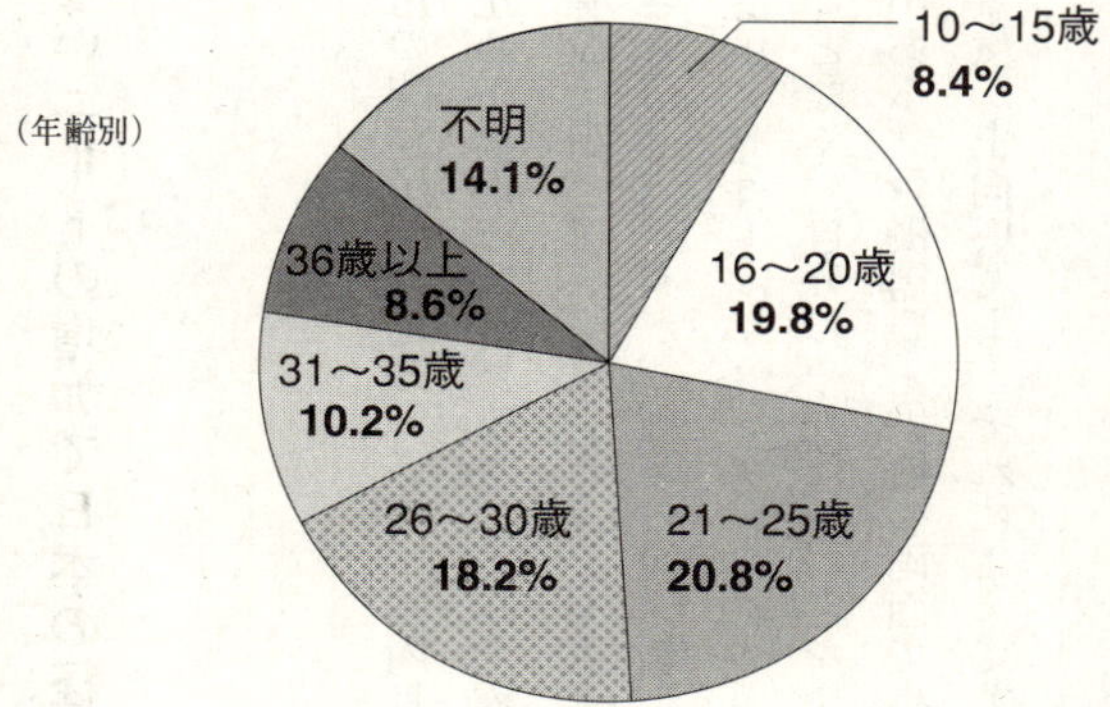

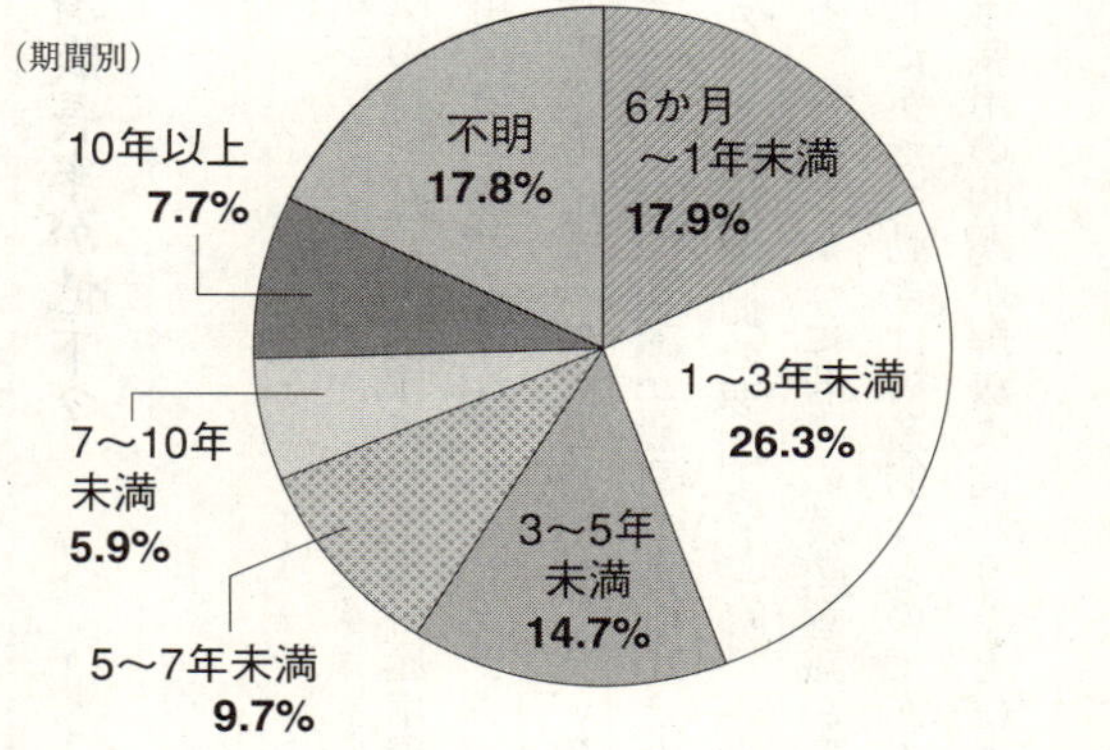

(注) 1999年度において全国の保健所などに寄せられたひきこもり相談件数の内訳
(厚生労働省資料より作成)

▼働かないニートの増加で日本の経済成長率が低下？

若年雇用の問題が深刻化している。国内景気の持ち直しを受けて、全体の雇用環境の悪化には歯止めがかかりつつあるが、若年の雇用環境の改善は遅れ気味だ。

他の年齢層と比べて、とくに若年の雇用環境が厳しくなっている要因として、激しい競争にさらされる国内企業が、経験の浅い新卒者よりも専門知識が豊富で即戦力となる中途採用を優先的に増やしていることが挙げられる。また供給側の要因としては、「会社にしばられることなく、自分のやりたいことをする」というように若者の就業意識が変化していることがある。労働需要・供給の両面で生じた新たな動きは構造的なものであるから、循環的に景気が上向いても、それによって若年雇用の問題が解決に向かうことは考えづらい。

こうした新卒の就職難・若年層の就業意識の変化などを背景に、定職につかず短期のアルバイトなどをして暮らすいわゆる「フリーター」が増えている。少子高齢化が進むなかで、専門知識がなく、収入も少ないフリーターが増加していけば、将来、マクロの労働生産性の伸びの鈍化や、個人間の所得格差の拡大、政府の税収の減少など、社会のさまざまな面で歪《ゆが》みやきしみが噴出することになろう。

さらに最近では、各種の統計から、これまでフリーターの影に隠れて見えてこなかった「NEET（ニート）」が急増していることが明らかになった。ニートとは、「Not in Employment, Education or Training」という英語の頭文字をつなげた造語で、働くことや学ぶことを放棄し、労働市場に参入してこない若者たちを指す言葉だ。九〇年代後半の英国においてその存在が広く知られるようになった。

ニート人口はどのように推移していくのであろうか。一五〜三四歳人口を一五〜二四、二五歳〜三四歳の二つの年齢階層に分けたうえ、①各年齢階層の人口が国立社会保障・人口問題研究所の中位推計値で推移していく②ニート人口比率（ニートが各年齢層の人口に占める割合）が九〇年から二〇〇〇年までの長期的なトレンドで推移していく③ニートに対する政策的対応はとられない、との仮定を置いたうえで、二〇〇五年から二〇二〇年にかけてのニート人口（国勢調査ベース）の推移をシミュレーションしてみた。結果は図表に示したとおりである。

これによると、二〇〇五年のニート人口は八七・三万人（一五～三四歳人口比二・七％）となる。少子化が進み、一五～三四歳の人口ボリュームが縮小するなかにあっても、二〇〇〇年時点の七五・一万人から一二・二万人も増加する計算だ。二〇一〇年に九八・四万人（同三・四％）となった後、二〇一五年には一〇九・六万人（同四・一％）と一〇〇万人の大台を突破、予測期間最後の二〇二〇年には一二〇・五万人（同四・八％）に到達する見込みである。

ニートが経済・社会に及ぼす影響をミクロ面からとらえると、個人間の所得格差拡大という問題が浮かびあがってくる。大卒男子について、ニートの期間別生涯賃金をシミュレーションしたところ、ニートの継続期間が五年の場合、その人の生涯賃金は標準労働者の七四・四％程度の水準まで低下する。ニートの継続期間が一〇年間に及ぶ場合には、五六・四％と標準労働者の約半分のレベルまで落ち込んでしまう。

一方、中長期的な視点からとらえて、ニートが日本の潜在成長率に与えるインパクトについて計測したところ、ニートが労働力人口から外れることによって、二〇〇〇～二〇〇五年の潜在成長率（インフレを加速させない範囲で最大限達成可能な成長率）は、年平均

ニート人口の実績と将来予測

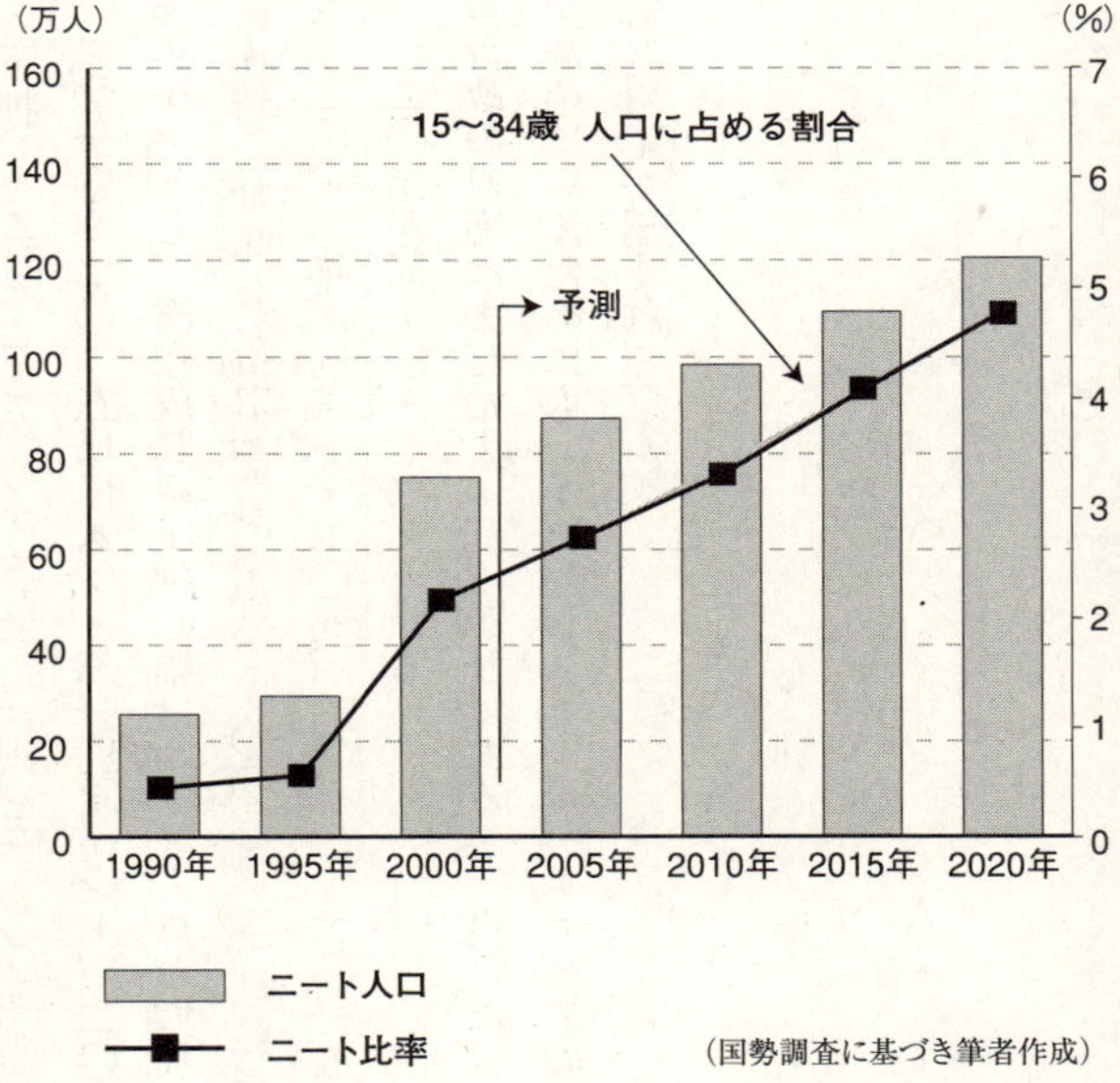

（国勢調査に基づき筆者作成）

▲〇・二五％ポイント下押しされることがわかった。二〇〇五〜二〇一〇年は年平均▲〇・二八％ポイント、二〇一〇〜二〇一五は同▲〇・三一％ポイント、二〇一五〜二〇二〇年は同▲〇・三四％ポイントと、潜在成長率下押し幅はニート人口の増加に伴い大きくなっていく。ニートの影響を加味した潜在成長率は、二〇〇〇〜二〇〇五年が年平均＋一・四七％、二〇〇五〜二〇一〇年が同＋一・二〇％、二〇一〇〜二〇一五年が同＋〇・九五％、二〇一五〜二〇二〇年が同＋〇・七二％となる。

ニート問題に対する行政の対応はまだ始まったばかりであるが、良質な日本の労働力を維持し、潜在成長率を高めていくためにも、予防的なメンタルヘルスケアの充実などニートの問題に対して早急な対応が望まれる。

▼偽ブランド市場は高級バッグのコーチの売上高を上回る！

ルイ・ヴィトン、エルメス、シャネル、グッチ、イヴ・サンローランなど女性の心をつかんで離さない高級ブランド商品。そのマーケットは年々成長を続け、今や二兆円に及ぶともいわれる。日本が世界全体の売上高の三分の一を占めるというブランドまであるぐらいだ。

しかし、一見華やかに見えるブランド市場の裏では、たくさんのニセモノが出回っている。街頭の露店だけでなく一流の有名デパートにおいてすらニセモノブランドが堂々と売られている始末である。これまで、ニセモノのブランド商品をつかまされて苦い思いを味わった読者も多いのではないだろうか。

いうまでもないことだが、偽ブランド商品の製造や輸入、販売は違法行為である。

それでも、ニセモノ商品を売りつけ不当な利益を上げる業者が全国各地で後を絶たないのは、ブランド品と聞いただけで目の色を変える日本人女性のブランド信仰が根強いためである。

警察や税関がこうした偽ブランドの輸入や販売を厳しく取り締まっているが、実際に摘発されるのは日本に出まわっているニセモノのほんの一部にすぎない。

ドイツ・ミュンヘンの製品偽造防止連合という団体が九九年に発表したところによれば、世界で流通しているブランド品の一二個に一個がニセモノか海賊版であるという。

ニセモノが多いのはトルコ、東欧、アジア諸国であるとのことであるが、日本にもたくさんのニセモノがまぎれ込んでいることは間違いない。

いったい日本全体で偽ブランド市場はどれぐらいの規模になるのであろうか。大雑把ではあるが、おおよその見当をつけてみたい。

その手がかりとして、まず、海外から日本に入ってくる偽ブランド商品の数がどれぐらいになるのかをみてみよう。日本には毎年アジアを中心として世界各国から多数のニセモノブランドが押し寄せてくるが、それを水際で食い止めているのが税関である。

財務省の統計によると、二〇〇四年に全国各地の空港や貿易港で偽ブランド品と判定され、もしくはその疑いがあって、輸入差し止め処分になった商品はおよそ一〇三・七万点

ニセモノの輸入差し止め実績

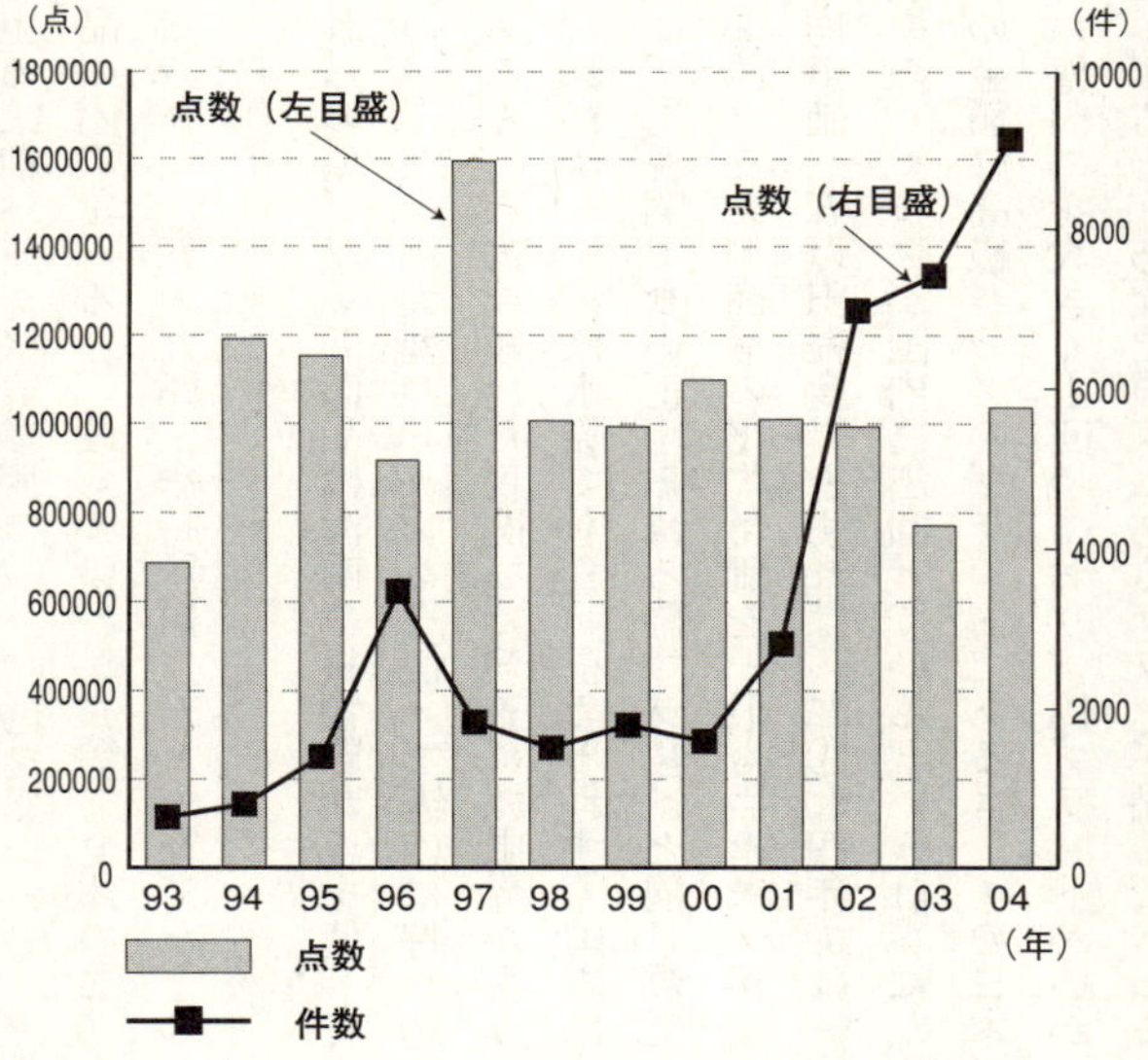

差し止められたニセモノの商品別内訳（2004年）

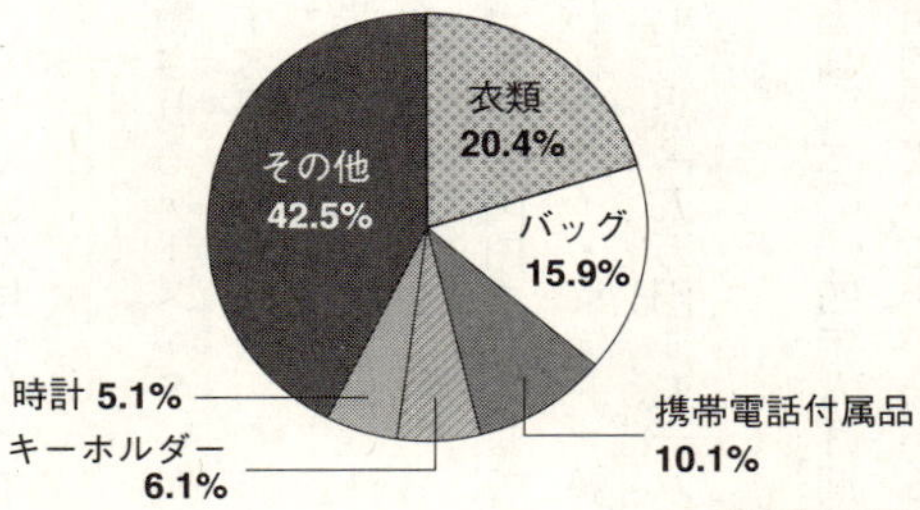

（財務省資料より作成）

にも上る(前ページ図表参照)。

商品の内訳をみると、最も多いのが衣類で全体の二〇・四％を占める。また高級ブランドのバッグ(一五・九％)や時計類(五・一％)などのニセモノもたくさん見つかっている。

これらの偽ブランド商品は漁船や貨物船などを使って大量密輸されるケースが多いが、個人のバイヤーが大型のトランクを使って国内に持ち込もうとする場合もある。

もちろん、人力に頼った税関での検査には限界があり、本物と区別がつかないほど精巧に作られたニセモノは水際でも食い止められず、国内に流れ込んできてしまう。

仮に、①税関で食い止められる偽ブランドと同じ数だけのニセモノが国内で流通している、②偽ブランド商品の平均単価を、最もニセモノが多いといわれるルイ・ヴィトン製品の平均単価（五万円程度）とすれば、二〇〇四年では一〇三・七万点×五万円＝五一八億円規模のニセモノが国内に出回っているという計算になる。

この金額は高級バッグのブランドであるコーチの日本での売上高（二〇〇四年六月期で三一六億円）を大きく上回っており、偽ブランドがいかに世に出回っているかがわかる。

もしかすると、あなたの家にあるブランド品も、ニセモノかもしれませんよ。

▼レンタルビデオ・DVD店の三割近くが海賊版を

家庭用VTRの普及に伴って八〇年代前半から急成長したレンタルビデオ業界。出店すれば必ずもうかるということで、レンタルビデオ店の数はうなぎのぼりに増えていった。しかし、九〇年代に入ると徐々に市場が成熟化し、近年では事業が立ち行かなくなって閉店するレンタルビデオ店が出てきている。

総務省の事業所・企業統計調査によると、九一年に全国で九二八三店あったレンタルビデオ店は九六年には八三〇九店へ、さらに二〇〇四年には五二〇二店まで減少した。廃業する店の多くは規模の小さい個人経営店で、近所に品揃えの豊富な大型店ができると、あっという間に客を奪われ、閉店に追い込まれてしまう。筆者の家の近所でも、大手チェーン店が出店した影響でここ数年の間に二～三店の個人経営店が店じまいしている。大規模チェーン店との熾烈《しれつ》な競争を強いられている小規模店の多くは、利益率の高いアダルトビデオ・DVD（なかでもインディーズ）を充実させ他店との差別化を図るなどの工夫を凝らしているが、なかには利益を出すための究極の手段としてこっそり海賊版のビデオをレンタルしているところもある。

ダビングなどによって海賊版を取り揃えれば、ビデオの仕入れにかかるコストはほとんどゼロ、レンタル料金がそのまま経営者の利益となるからだ。ビデオデッキが二台と接続コードがあれば、誰でもビデオのコピーが可能だ。

読者のみなさんはレンタルビデオの仕入れ価格がいったい、いくらぐらいするかをご存じだろうか？

通常、新作一本で一万円以上はする。現在、新作ビデオのレンタル価格は平均四五〇円程度であるから、ビデオを一本買い取って元を取るためには、少なくとも二三回以上貸し出しをしなければならないのだ。

もっと競争が激しくレンタル料が安いところは、さらに多くの貸し出しをしないと元がとれない。

これでは、相当数の客が入らない限り、利益を上げることは難しいだろう。客離れに苦しむ個人経営店が海賊版のビデオを貸し出したくなる気持ちはよくわかる。

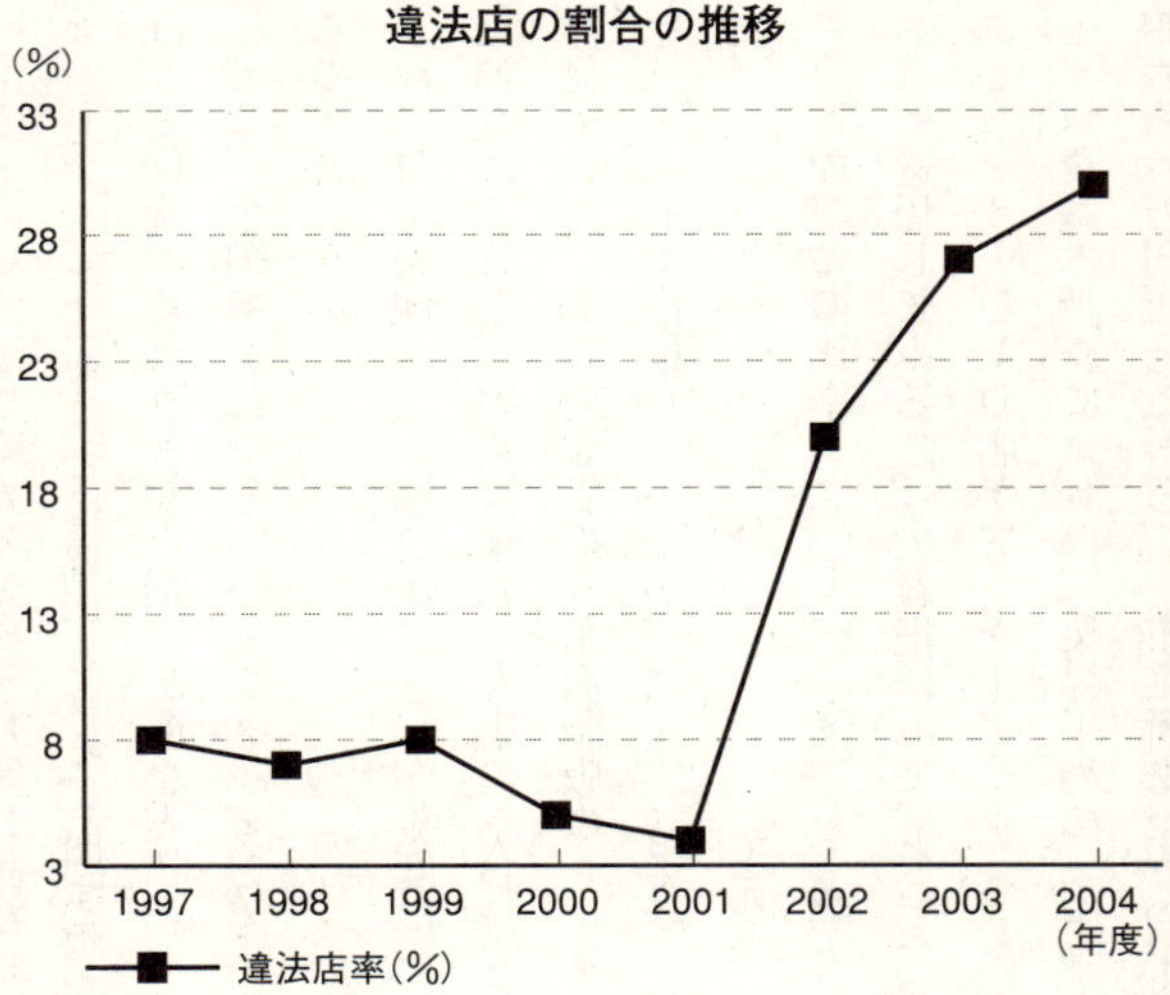

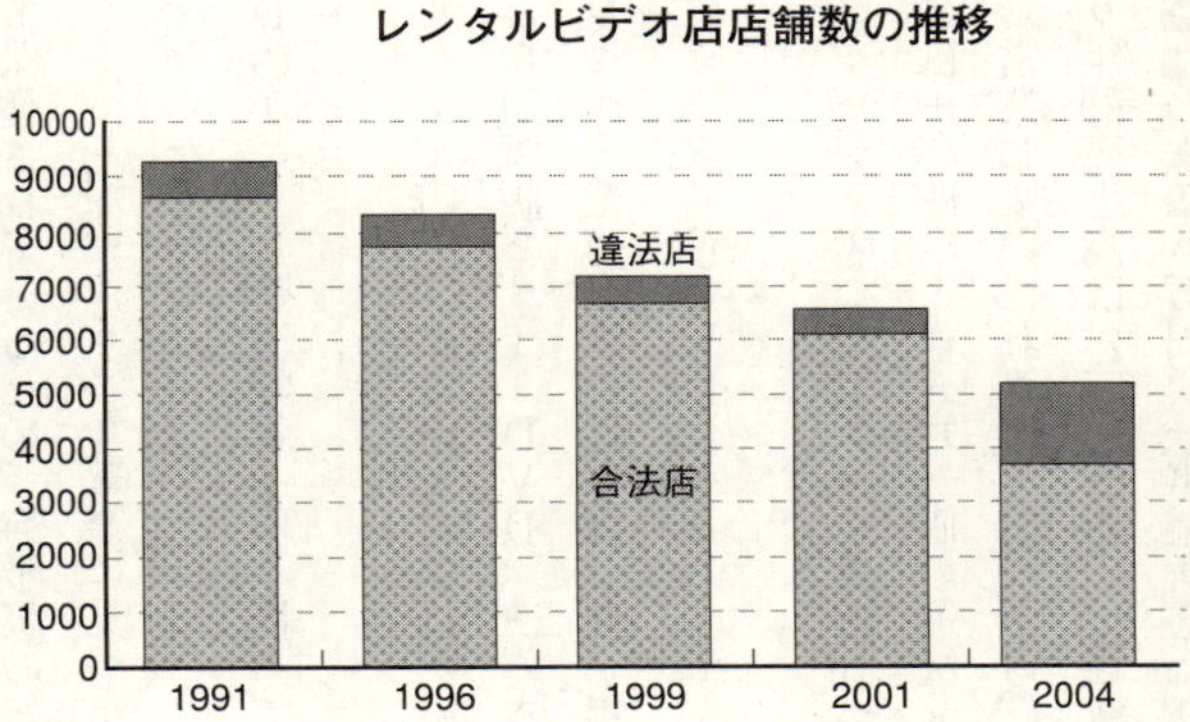

(日本映像ソフト協会資料、総務省資料より筆者推計)

しかし、いうまでもなくビデオは著作権法によって保護されているため、海賊版のビデオをレンタルすることは違法となる。海賊版をレンタルしていることが警察に見つかれば、著作権法により多額の損害賠償を支払わなければならなくなる。

では、全国でどれぐらいのレンタルビデオ・DVD店がこうした海賊版を取り扱っているのであろうか。

（社）日本映像ソフト協会が二〇〇四年度にレンタルビデオ店一〇二六店を対象に実施した調査によると、実質営業五一九店のうち一五七店から海賊版ビデオ・DVD六三六本が発見された。調査対象店のうち海賊版のレンタルが見つかった違法店の比率は、九〇年代は五〜八％で推移していたが、二〇〇二年度以降は二〇〜三〇％まで上昇するようになった。

そこで、この比率（二〇〜三〇％）を全国のレンタルビデオ店（事業所・企業統計ベース）に適用してみると、大雑把にみて、二〇〇四年には一〇四〇〜一五六一店の違法レンタルビデオ・DVD店がアンダーグラウンドの世界で営業していた計算になる。一方、サービス業基本調査によれば、業界平均の一店舗あたり年間売上高は六三一四万円、経費は四六六六万円であるから、一事業所あたりの平均利益は一六四八万円。一事業所あたりの平均利益に違法レンタルビデオ・DVD店数を乗じて、違法レンタルビデオ店全体の非合法利益を求めると、二〇〇四年では一七一・五億〜二五七・二億円程度の大きさとなる。二〇〇四年度の日本で上映された映画の興行収入が二一〇九億円であるから、映画全体のおよそ十分の一もの額になる。

▼三〇兆円産業パチンコ　店での換金は違法？

シカゴで誕生し名古屋で育ったパチンコは、今や日本を代表する大衆娯楽産業にまで成長した。財団法人社会経済生産性本部の推計によれば、二〇〇二年におけるパチンコ産業の売上高（貸玉料）は二九兆二二五〇億円にも及び、化学産業の年間産出額を軽く上回る。

ここ数年は長引く不況の影響を受けて売上高は伸び悩み気味であるが、それでも他の娯楽産業とは比較にならないくらいの巨大なマーケットを形成していることに変わりはない。ちなみに二〇〇二年末現在、全国のパチンコ店数は一万六五〇四軒、遊戯台数四八六万四〇六二台、（うちパチンコ三二五万二二四一台、パチスロその他一六一万一八二一台）となっており、大雑把に計算して一日一台あたり一万六五〇〇円を稼ぎ出しているということになる。

このように一大産業に発展したパチンコ産業であるが、さまざまな問題も抱えている。

毎年脱税額の上位に顔を出す業種はきまってパチンコ産業であるし、大規模なカードの変造事件も頻繁《ひんぱん》に起こっている。最大の問題はいわゆる「換金問題」であり、換金制度の存在が暴力団の関与や脱税などにつながっている。この換金制度がなければ、パチンコ産業はここまで成長することもなかったのではないかといわれるぐらいだ。

念のために確認しておくと、パチンコ店で換金をすることは風俗営業法によって禁止されている。すなわち、風営法第二三条は風俗営業者の禁止行為として、現金または有価証券を景品として提供すること、客に提供した商品を買い取ること、遊技用に供する玉、メダルその他これらに類するものを客に営業所外に持ち出させること、遊技玉等を客のために保管したことを表示する書面を客に発行することを挙げている。

つまり簡単にいえば、パチンコ店での換金は違法行為なのである。しかし、パチンコをする際、ほとんどの人は平然と換金しているというのが実情である。実際、全日本遊戯事業協同組合連合会が九八年四月に発表したアンケート調査の結果によれば、男性の八一%、女性の七三%がパチンコ店で換金を行っている。

なお、純粋にパチンコの玉を景品と交換する場合にはパチンコ玉一個の交換比率は一個四円で等価交換となるが、現金と交換するときは通常パチンコ玉一個二・五円での交換比率となる。なぜ、換金は違法なのに堂々と（こっそりと）行われているのか？　実はパチンコ店は、風営法をクリアするために、換金システムに特殊景品の卸売業者を介入させるという巧妙なトリックを使って合法的に換金できるようにみせかけているのだ。

一般的に換金の手順は、パチンコ玉をジェットカウンターという機械に通して、パチンコ玉の数を数え上げる。次に「清算」ボタンを押すと今度はレシートあるいはカードが発行される。このカードを持って店のカウンターに行くと、そこでボールペンやライターの石、ネックレスなどを渡される。これを店の外に設置された景品交換所に持っていくと、そこではじめて現金に換えてもらえるという流れになっているはずだ。

このボールペンやライターの石といった特殊景品をパチンコ店に卸しているのが特殊景品卸売業者である。景品交換所では客と交換した特殊景品にマージンを乗せて、これを特殊景品卸売業者が経営する問屋に販売する。問屋はこの景品にさらにマージンを上乗せてパチンコ店に卸す。ここでのポイントはこれらパチンコ店と特殊景品の卸売業者、そして景品交換所の三者は全く独立した事業主体であるという点だ。これによって風営法の第二三条が定めた遊技場経営者の禁止行為を強引にクリアしているわけだ。この強引なシステムによって、オモテ向きは換金しても違法行為として摘発されることがないのである。

パチンコ産業の売上高（貸玉料）の推移

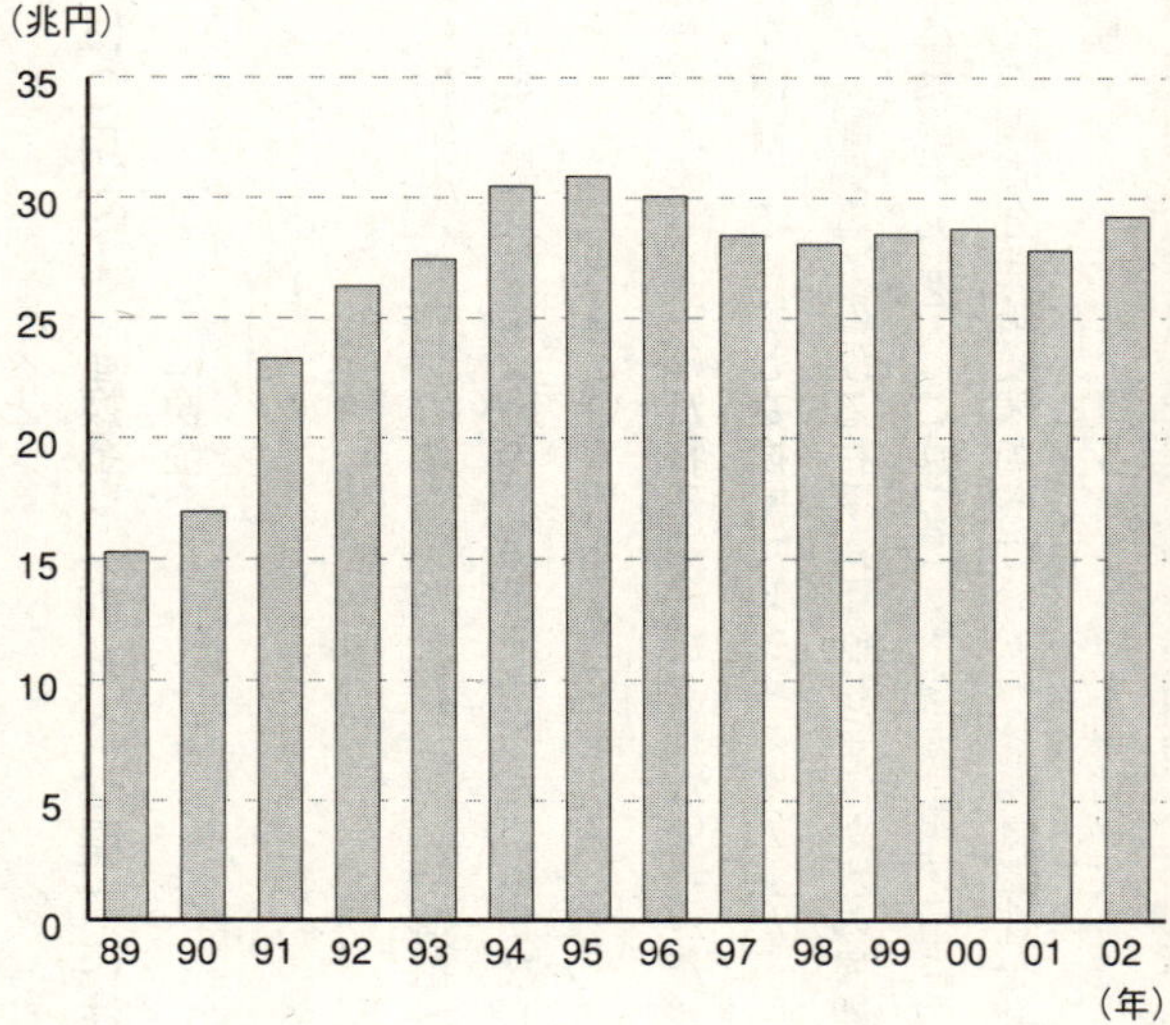

（社会経済生産性本部資料より作成）

▼すねに傷持つ人はご用心！　悪質な「別れさせ屋」に注意

結婚しない、あるいは結婚できない若者たちが増えるなか、結婚相談所やお見合いパーティ、出会い系サイトなど、男女の出会いをサポートするさまざまなビジネスが活況を呈している。

しかしその一方、別れたくても上手に別れることができないカップルも増加しており、どろどろした男女の仲を清算する「別れさせ屋」ビジネスが人気だ。

別れさせ屋とは、恋人（配偶者）の浮気相手（不倫相手）が別の異性に夢中になるよう工作し、浮気相手（不倫相手）を恋人（配偶者）から引き離すことで報酬を得るビジネス。探偵社・興信所などの調査会社が従来から行っていた浮気調査を発展させたものだ。

二〇〇一年に別れさせ屋をテーマとしたTVドラマが放映されてから、調査会社への依頼が殺到するようになった。別れさせ屋に寄せられる依頼のなかには、「不倫相手の女性とその夫を別れさせたい」、「自分を捨てた彼が憎いので、新しい恋人と別れさせたい」などがある。

別れさせ工作の流れを追うと、まず①浮気相手の素行調査をしたうえで、浮気相手にマッチする工作員を選出する。②選出された工作員が浮気相手に近づき、恋愛関係へと発展させる。③浮気相手が工作員に夢中になり、依頼者の恋人（配偶者）と別れた時点で工作が終了する。

別れさせるための工作料金は一か月で八〇万円前後。工作の成功率は、年齢層によってかなりのバラツキがあり、ある探偵社の場合、二〇歳代では九〇％以上の確率で成功するが、五〇代以上では七〇％台まで低下してしまうという。九五％以上の確率で工作を成功させるためには、二～三か月の期間が必要なので、依頼者が調査会社に支払う代金は一〇〇万円から二四〇万円にも上る。

全国に二〇〇〇～三〇〇〇社はあるとされる探偵社・興信所のうち、半分の一〇〇〇～一五〇〇社が別れさせ屋ビジネスを手掛けているとも言われ、収益の柱のひとつとなっている。

しかし、別れさせ屋ビジネスが活況を呈する裏では、調査会社と依頼者との間でさまざまたトラブルが発生している。国民生活センターに寄せられた興信所に対する相談件数は年々増加する傾向にあり、二〇〇四度は一五九六件と九四年度の四倍以上となった。相談件数のなかには別れさせ屋ビジネスに関するものが少なからず含まれている。最も多いトラブルは、依頼者が調査会社と契約を交わしてお金を支払ったにもかかわらず、調査会社が調査・工作に着手してくれないというものだ。夫を不倫相手と別れさせるよう調査会社に依頼したある女性は、四〇〇〇万円以上の金額を支払ったにもかかわらず結局なんの解決にもならなかったとして、裁判で損害賠償を求めた。女性は最初、三〇〇〇万円を支払ったが、調査会社は「二人の仲は非常にむつましく、別れさせるのは至難《しなん》の業《わざ》だ」と言って追加で一五〇〇万円を要求した。しかし、最終的な報告書には尾行の結果だけが記載されていて、実際に別れさせようという動きはなかった。調査・工作を依頼してきた事実を恋人(配偶者)にばらすと脅迫されるケースもあるという。

現状、探偵・調査会社は免許制ではなく誰でも自由に参入できる環境であるため、悪質な業者が金銭目当てで「別れさせ屋」ビジネスを手がける事例は後を絶たない。別れさせ屋をめぐるトラブルが多発していることを受けて、別れさせ屋ビジネスを自主規制により禁止する業界団体も出始めた。

別れさせ屋の工作料金（実際の例）

工作期間	料金	成功率
1週間	20万円	
1ヶ月	80万円	85〜90%
2ヶ月	100〜160万円	
3ヶ月	150〜240万円	95%以上
4ヶ月	200〜320万円	

年代別にみた別れさせ屋工作の成功率（実際の例）

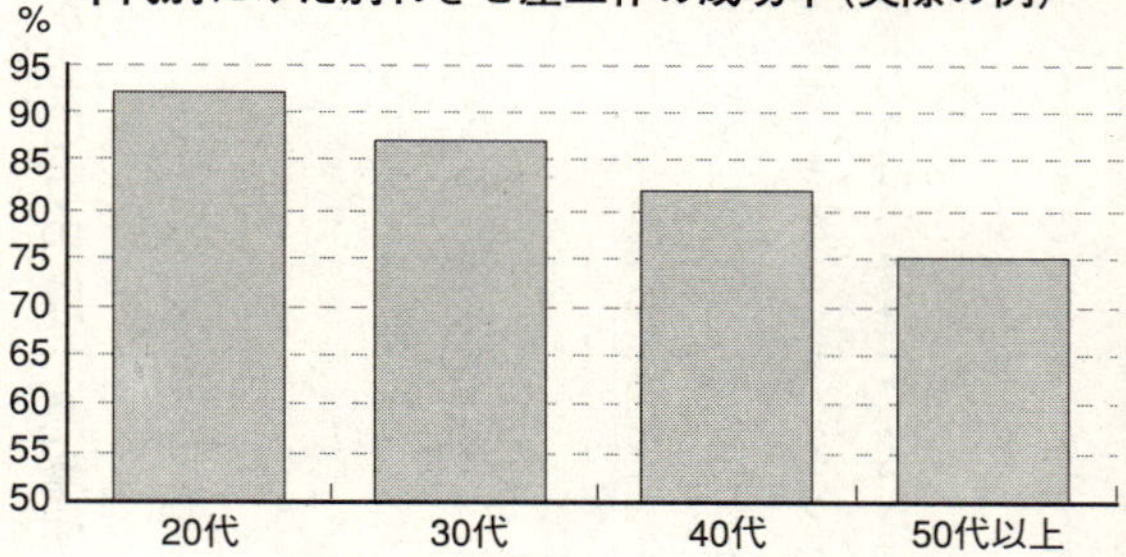

興信所への苦情相談件数の推移

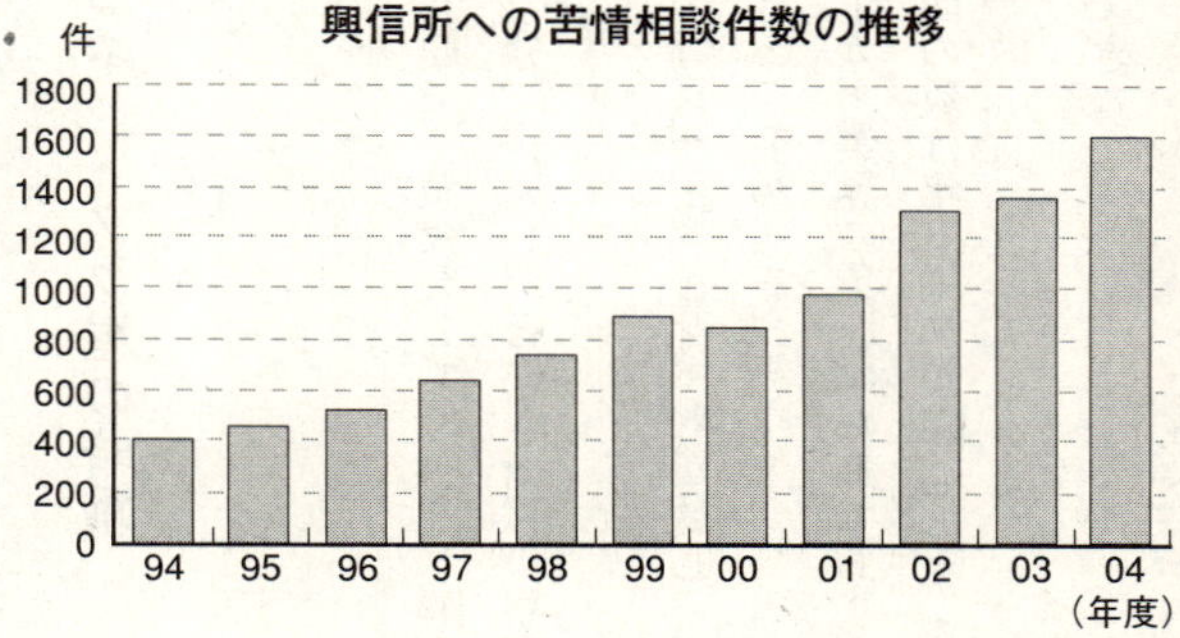

（国民生活センターデータベースより作成）

▼ドイツW杯チケットが五〇万円⁉　急増するネットダフ屋の暗躍

あこがれの外国人ロック・バンドが来日公演するというので、徹夜をしてチケット購入の列に並んだが、販売窓口にたどりついたときには、三〇分で完売したという衝撃の事実を聞かされる。

こんなとき、あなたならどうしますか。どうしてもそのコンサートチケットが欲しい場合、ひとつの手段として、金券ショップに問い合わせるという手がある。

不況のなかにあっても金券ショップなどチケットブローカー業界の業況は好調であり、実際、金券ショップなどの営業の許可を受けている古物商の数は年々増加傾向にある（131ページ図表参照）。

では、金券ショップでもコンサートのチケットが入手できなかったらどうするか。こうなれば、少し高くつくがコンサート当日に会場周辺でダフ屋からチケットを購入するしかない。ダフ屋とは、コンサートのチケットなどをいらない人から安く買い込んで、それを欲しい人に高く売りつける商売をさす。ちなみに、ダフ屋の「ダフ」は「札（フダ）」を逆さに読んだものだ。

ダフ屋のやっていることは、金券ショップとほとんど同じだが、正規の金券ショップのように古物商の営業許可をとっていないので違法行為である。また、各都道府県は個別に定めた「迷惑防止条例」で公共のスペースにおけるダフ屋の活動を禁止している。

ダフ屋が違法とされるのは、ニセモノのチケットを売りつける恐れがある（古物認可の必要性）ことや、一般の人たちに不快な思いをさせる（迷惑防止条例）、売った金が暴力団の資金源となることなどが理由となっているが、こうした点を除けば、需要と供給が一致するところで価格が決定されるという意味できわめて経済合理的な行為といえる。

ただ、近年ではイベント会場周辺で地道に活動するダフ屋に加えて、ネットを利用したもっと大掛かりな手口が出てきており、これが問題となっている。

すなわち、チケットの購入面では、チケット販売のオンライン化が進むなかで、ダフ屋が組織的に高い席のコンサートチケットを買い占めてしまうため、普通の人が徹夜をして並んでもチケットを入手できないといった事例が増えてきた。これでは、本当に欲しい人のところにチケットが渡らないということになってしまう。

また、チケットの販売面では、ネットオークションなどでコンサートのチケットなどがかなりの高値で取引されるという事例が目立ってきた。

たとえば、二〇〇五年開催の愛・地球博（愛知万博）では、ダフ屋が人気パビリオンの入館引換券を買い占めたうえ、ネットオークションで、高値で大量に売りつけていることが問題となった。引換券の申し込みはコンビニの専用端末で受け付けているので、入場券を持っていないダフ屋でも自由に予約ができる仕組みとなっていた。とくにひどかったのが「サツキとメイの家」（「となりのトトロ」の主人公の姉妹が暮らした家を再現したもの）の入館引換券で、ネットオークションでは五千円程度で転売されていたという。事態を重くみた博覧会協会は、「サツキとメイの家」の入館引換券の購入をはがきによる抽選方式に変更した。

そのほか、二〇〇六年開催のドイツW杯についても、ネットダフ屋によるチケットの高額転売が懸念されている。いい対戦カードのチケットは五〇万円出しても手に入らないかもしれない。

こうしたインターネット上でのダフ屋の行為は、現行の条例などでは十分に取り締まる

増加傾向にある古物商

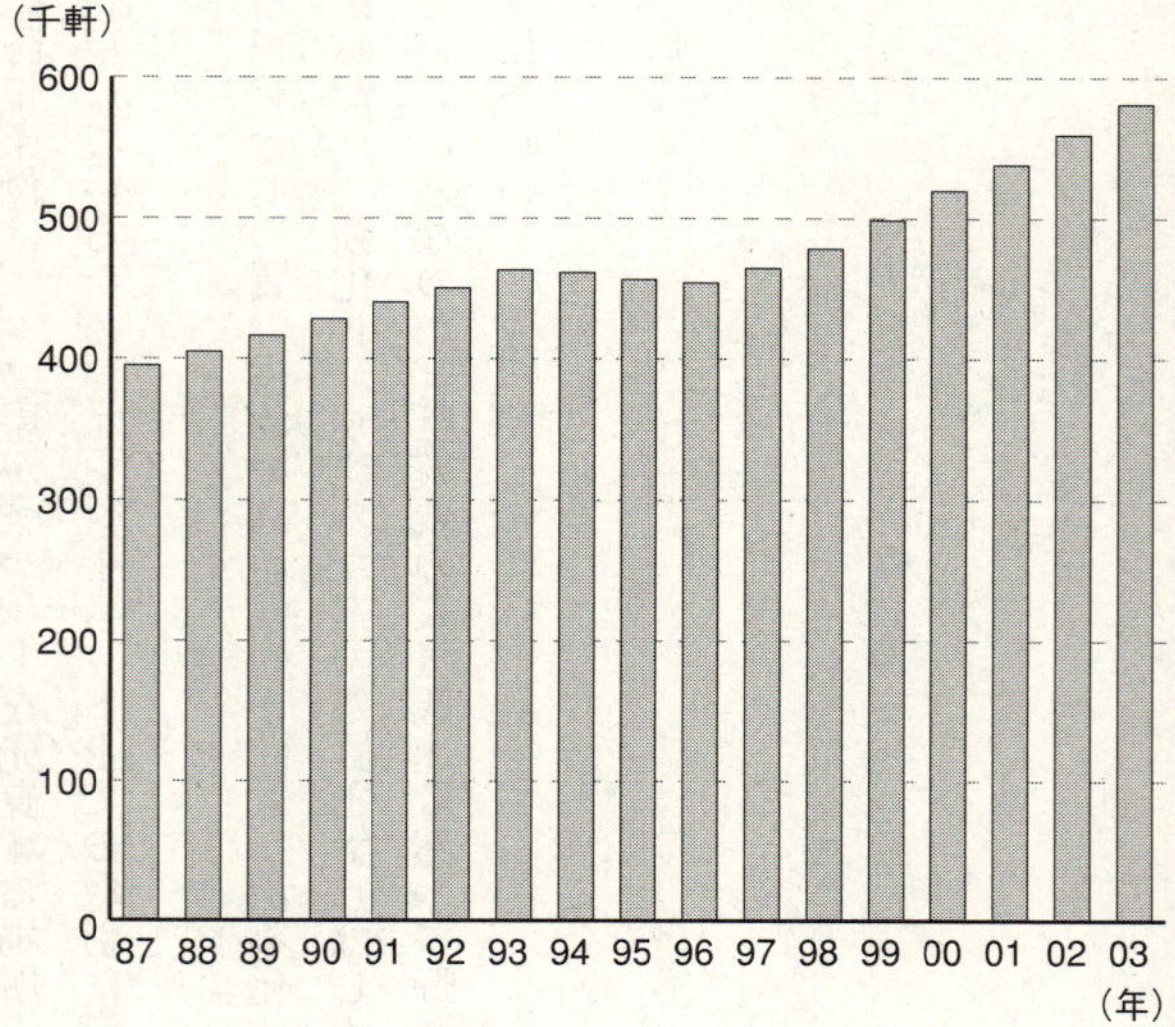

（警察庁資料より作成）

ことができない。迷惑防止条例は、ダフ屋がチケットを売買する場所としてコンサート会場や競技場の周辺を想定しているため、インターネット上での取引に対してはとくに規定がないからだ。

ネットダフ屋によるチケットの買い占めや高値転売の問題が深刻化するなかで、各自治体は現行の条例を改正したり、強化したりするなどの処置を講じはじめている。

ただ、これは喜んでいいことなのか、巨人戦の人気低迷もあって野球場の周辺にはダフ屋も寄り付かなくなったらしい。

▼あなたの当てた万馬券は課税されます

ここでクイズをひとつ。「ギャンブルで獲得した賞金に税金はかかるのか？」筆者の友人に質問したところ、五人中四人は「NO」と答えた。

読者の多くもそう思っているのではないだろうか。

しかし答えは「YES」。こういうと、「えっ、宝くじの当選金には税金はかからないよ」と反論されるかもしれない。

しかし、宝くじとギャンブルは別なのである。

日本の法律では、宝くじ以外のギャンブルでもうけたお金は課税の対象になっているのだ。宝くじの場合、控除率（テラ銭）が五〇％と非常に高いこともあって、当選した賞金に所得税などの税金はいっさいかからない。あなたが、運よく三億円のジャンボ宝くじに当たれば、そのお金はすべて大手をふって使いまくることができる。

これに対して、競馬や競輪といった公営ギャンブルのテラ銭は二五％。この数字は、欧米諸国と比べるとかなり高い数字なのだが、それでも宝くじに比べると半分にすぎない。おそらく、そうしたことが影響して公営ギャンブルのもうけに対しては税金がかけられるのではないだろうか。

公営以外のギャンブルは、そもそも違法であるから、ギャンブルをやった時点で逮捕されてしまう。

ついでにいっておくと、テレビやラジオなどのクイズ番組で当たったときの賞金にも税金はかかる。

ギャンブルでもうけたお金は、税法上は預金の利子や株の配当などと同じように一時所得となる。そして、その課税対象額は次のように計算される。

ギャンブル収入の課税対象額＝（年間収入－必要経費）－特別控除）×〇・五

この課税対象額をもとに所得税や住民税がかかってくるわけだ。特別控除額は現在五〇万円となっているから、競馬などでよほどの大穴を当てないかぎりは税金がかかってくるということはないのでご安心を。

さて、ここでの曲者《くせもの》は必要経費である。ハズレ馬券なども当然必要経費に含まれると思う人が多いだろうが、実はハズレ馬券は必要経費に含めることはできない。

控除できるのは、当たり馬券だけだ。

したがって、税金対策として場外馬券売り場に落ちているハズレ馬券を一生懸命拾って歩いても、それは無駄骨というもの。

もっとも、実際のところ大穴を当てても所得申告をする人はめったにいないというのが実情のようだ。

万馬券を当てた筆者の友人も、当然のように税金を払っていない。

そもそも、ほとんどの人が税金がかかるということさえ知らないのだから申告するはずがないし、忙しい税務職員がそこまで調べている時間はない。大穴を当てた人の多くは、知らないうちに脱税をしているということになる。

でも、それくらいは大目に見てほしいというものだ。

▼日比谷《ひびや》公園でのノゾキは五〇〇〇円が相場

冬の公園はどこかもの悲しいが、夏の公園はどこかいかがわしい。

夏の夕暮れ時を過ぎると、東京の日比谷公園や代々木《よよぎ》公園、北の丸公園、新宿中央公園などには、どこからともなくカップルが集まってくる。辺りがすっかり暗くなる頃には、一人では歩くのが恥ずかしくなるほどのカップルの群れ。辺り一面がカップルで埋め尽くされる。そして、人目につきにくい暗がりのベンチや木陰、草むらではいつしかカップルのイチャイチャが始まり、夢中になった二人はさらに大胆な行為へと……。

ここで、よく目を凝《こ》らしてみると、驚いたことにカップルのまわりの茂みには何やら黒っぽい服装をした中年男の姿があちこちでうごめいているではないか。

いったい、彼らは何者で、こんなところで何をしているのだろうか。

実は彼らこそ、このようなカップルの行動・生態を観察すべく夜の公園に登場するノゾキ屋である。

日比谷公園をはじめデートスポットとして有名な全国の公園には、たいていプロのノゾキ・グループがいて、その公園におけるノゾキを取り仕切っている。

彼らは一種の組合のようなものを作って団結しており、それぞれが自分の受け持つ縄張りを厳格に管理している。素人が勝手に縄張りに入ってノゾキをすれば、注意されるし、場合によってはボコボコに殴《なぐ》られることもある。

なぜ、彼らがこのようにノゾキに関して厳しい管理をしているかというと、素人のノゾキは、

①夢中になってカップルに手を出したり、

②路上駐車してあるカップルの車を傷つけたり、

③盗みを働いたり、

④あるいはストーカーのようにカップルの後をつけまわしたり、

するため、さまざまなトラブルが発生し、警察沙汰《ざた》になる恐れがあるからだ。素人が自分の縄張りでこんなことをすれば、せっかくのノゾキも台無しになってしまう。

公共のスペースに縄張りも何もあったものではないと思うが、ノゾキ・グループのメン

バーに言わせれば、きちんとしたノゾキのルールを作り、また、自分たちが巡回《じゅんかい》しているおかげで置き引きが少なくなり、公園を訪れるカップルも安心してイチャつくことができるようになるということだ。

だから、ノゾキの初心者は、日比谷公園などでノゾキをしたいと思ったら、勝手な行動を慎《つつし》んで、まずは、溜《た》まり場などにいるプロのノゾキ・グループに筋をとおさなければならない。

具体的には、その道のプロにきちんと挨拶をして、自分が希望するノゾキ・ポイントのルール、身につける服装などを聞くのが良い。そして、五〇〇〇円程度のお金を払って、ノゾキのあっせんをお願いすれば、プロがちゃんと穴場に案内してくれる。

もちろん、夜光スコープや黒装束などノゾキの必須アイテムなども貸してもらえる。もしかすると、幹部専用の絶景スポットを教えてくれるかもしれません。

ただし、一般の家庭や風呂場を覗いたりすれば、れっきとした犯罪なので、くれぐれもご注意を。

▼ホームレス人数の一位は東京ではない

最近、都心の公園や河川敷などで寝泊まりしているホームレスの姿をみかけることが多くなった。はたして、全国でどれぐらいのホームレスがいるのだろうか。

これまでホームレスの人数は、政府の発表する公式統計に一切記録されてこなかった。しかし、ホームレスの増加が経済・社会の構造的な問題として浮かび上がってきたことを受けて、九〇年代後半頃から厚生労働省や地方自治体などによってホームレスの数を把握しようとする試みが積極的に展開されている。

これらの調査はいずれも目視によってカウントされているため正確な統計というわけにはいかないが、日本のホームレスについてのおおよその傾向をつかむことはできる。

具体的な数字をみてみよう。たとえば、厚生労働省が集計した全国のホームレスの人数は二〇〇三年一〜二月時点で二万五二九六人となっており、前回調査（二〇〇一年九月末）に比べて一二〇六人も増加した。

内訳をみると大阪市が六六〇三人、東京都二三区が五九二七人、名古屋市が一七八八人、川崎市が八二九人、横浜市が四七〇人などとなっており、ホームレスの九割近くは大都市地域に集中していることがわかる。

さらに、東京都が二〇〇一年三月九日に発表した都内のホームレスに関する調査では、ホームレスの実態についてかなり詳細な内容がわかる。

まず、ホームレスの年齢分布をみると五〇～六四歳の中高年齢層が中心となっており、ホームレスとなってから家族との連絡をとっていないものがほとんどである。

また、ホームレスになる前の職歴をみると、技能工、土工・雑役《ざつえき》が六割と多くなっているが、事務職、専門職といったホワイトカラーも一割近くを占めている。

収入については、ホームレスの約半数が収入があると回答しているが、その額は月三万円未満ときわめて少ない。

最近のホームレス急増の背景を探ってみると、アルコール中毒など社会的不適応によってホームレスになる者もなかにはいるが、その多くは長引く不況の影響を受けて職を失ったことをきっかけとしてホームレスになっている。

全国及び各都市におけるホームレスの数

	2003年 2月調査	2001年 9月末調査	1999年 10月末調査
全国のホームレス数	25,296	24,090	20,451
東京都23区	5,927	5,600	5,800
横浜市	470	602	794
川崎市	829	901	901
名古屋市	1,788	1,318	1,019
大阪市	6,603	8,660	8,660
その他の政令指定都市	2,548	1,900	1,452
中核都市及び 県庁所在地の市（38市）		1,684	706
その他の市町村		3,425	1,119

（厚生労働省資料より作成）

失業者が増加するにつれて、ホームレスの数も増加しているというわけだ。

ホームレスとして暮らしている者のほとんどは、住所や定職がなく公共スペースで寝泊まりするような生活から早く抜け出して働きたいと考えているが、少ない雇用機会や、専門的な技術訓練の不足、健康上の問題、あるいは心理的な問題などが障害となって現在の状況からなかなか抜け出せないでいる。

とりわけ雇用機会の問題が深刻であり、正規の職業につくことができない一部の者は生活のために違法な仕事にも手を染めているといわれる。

ホームレスに対しては、社会の風紀を乱すという理由で厳しい見方をする人が少なくないが、ホームレスの増加に対する責任の一端は国にある。

政府は、これ以上国内のホームレスを増やさないためにも、現在進めている構造改革によって多数の失業者が生じることを大きな問題としてとらえ、雇用についてきちんとしたセーフティネットを早急に整備する必要があるだろう。

▼フィリピンパブでお客が支払った料金の行方は？

バブル崩壊以降、国内におけるバーやナイトクラブの業況は悪化傾向にあり、それを裏付けるように店舗の数も減少している（145ページ図表参照）。都市部の歓楽街が不況の影響を受けているなかにあっても、地方圏を中心に点在するフィリピンパブは、料金の安さと良質のサービスが人気を呼び相変わらず元気だ。

他の外国人にはないフィリピーナ特有の明るいノリに心ひかれて来店する中高年の客も多いと聞く。

日本とフィリピン両国の制度変更により日本への入国基準が厳しくなったため、興行ビザで来日するフィリピン人タレントは減少傾向にある。

しかし、偽装結婚などの手口を使って、依然多数のフィリピーナが歌い手、ダンサーあるいはバーのホステスとして日本に来ているというのが実状である。

こうしたフィリピン人エンターテイナーのなかには売春をさせられている者も少なからずいるという。フィリピン国立大学教授であるバレスカスさんの著書『フィリピン女性エンターテイナーの世界』によると、一九九〇年時点では四万二八六七人のフィリピン人エンターテイナーが日本で働いていた。

日本国内には、来日してきたフィリピン女性を各地のナイトクラブやバーに紹介、あっせんするプロモーション会社がたくさんある。

これらのプロモーターは、日本各地のバーやナイトクラブにフィリピン人女性を一人紹介するごとに、一〇万円程度のお金を受け取っているといわれる。

ところで、フィリピンパブでお客さんが支払った料金は、いったい誰のふところに入っていくのだろうか？

お店の経営者とフィリピン人エンターテイナーとの間の分け前を調べてみよう。

前出のバレスカスさんが行った面接調査に基づけば、フィリピンパブの経営者はエンターテイナーが一人のお客さんから受け取った料金の三分の二を徴収している。

かなり搾取しているとの印象を受けるが、経営者の言い分に耳を傾けると、エンターテイナーたちの着る衣装から住むアパートまですべて面倒をみてやっているのだから当然の

ナイトクラブの数はバブル崩壊以降減少傾向にあるが…

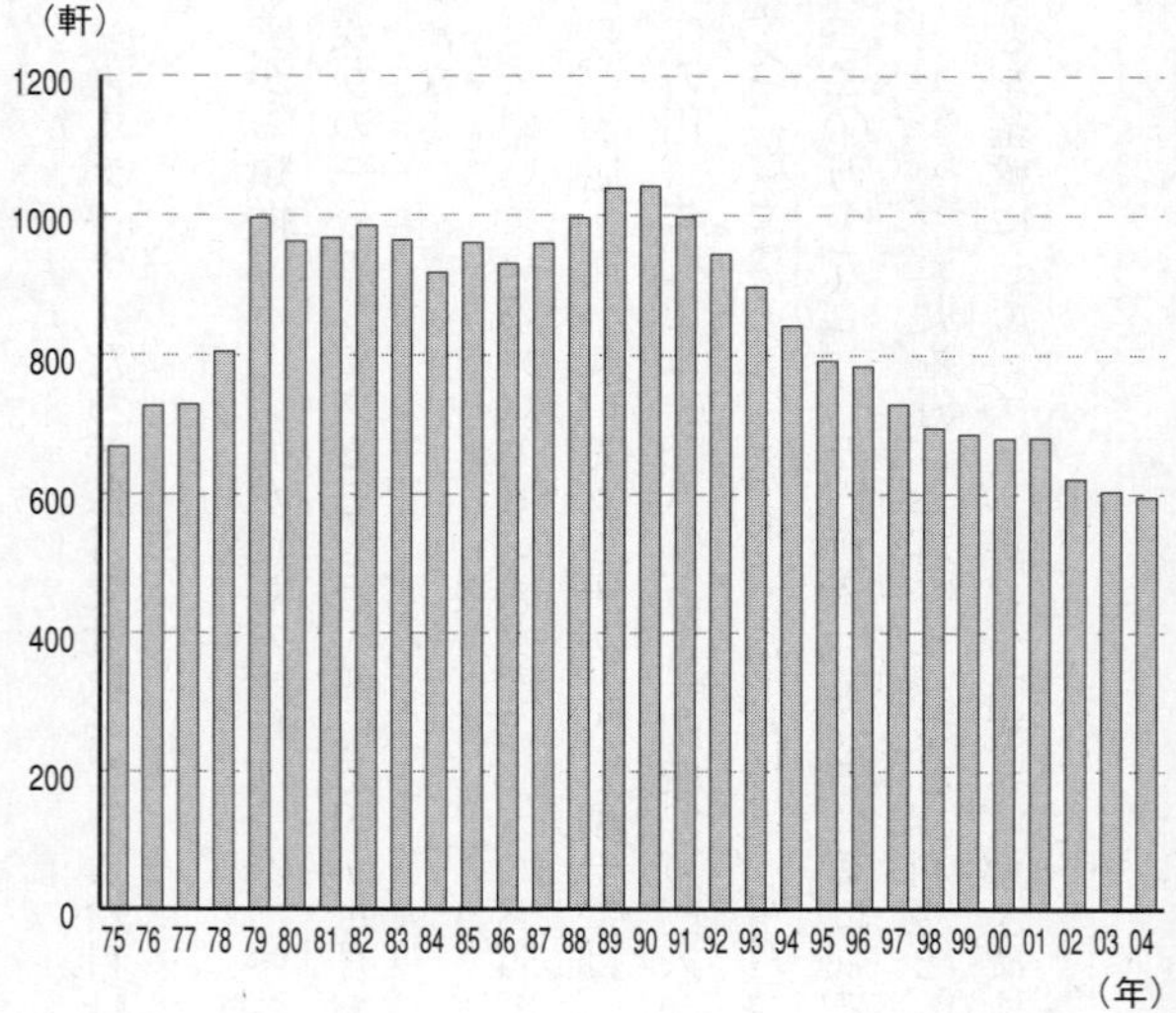

（警察庁資料より作成）

取り分だということになる。

一方、パブで働くエンターテイナーたちが毎月受け取っている給料は一五万～二〇万円程度である。

これらの断片的な事実から類推すると、彼女たちの給料は実際にお客さんから受け取った料金の三分の一で、残りの三分の二である三〇万～四〇万円が毎月お店の経営側のふところに入っている計算になる。

さらに、ひとつのパブで働いているフィリピン人女性は小さなお店で三人、大きなお店で一二人程度であるから、お店が雇っている女の子が三人の場合には、経営者のふところには毎月九〇万～一二〇万円、年間では一〇八〇万～一四四〇万円入ってくる。

一二人の女の子を抱えているような大きなお店の場合には、毎月三六〇万～四八〇万円、年間ではなんと四三二〇万～五七六〇万円が入ってくる計算になる。

結局のところ、フィリピンパブに足を運ぶお客さんが支払う料金と、フィリピン女性エンターテイナーの労働とを基盤にして、フィリピンパブ業界は大きな利益を上げ、成長を続けているのだ。

第三章　犯罪と地下経済

▼自動車盗難市場の大きさはホンダの営業利益とほぼ同じ

二〇〇〇年に公開されたニコラス・ケイジ主演の『60セカンズ』という映画がある。プロの自動車窃盗団が二四時間以内に五〇台の超高級車を盗み出すという内容で、非常に大胆かつ乱暴な方法で、路上に駐車してあるポルシェなどの高級車を次々に盗み出していく様《さま》が描き出されている。

これが映画だけの世界と思ったら大間違い。最近、「クルマは路上に転がっているオカネ」とばかりに、プロの窃盗集団が日本国内の自動車を次々に盗み出している。プロの窃盗団の手口について、具体的な事例を挙げてみよう。

(ケース1) 主婦のAさんは、スーパーでちょっとした買い物をするためエンジンをかけたまま路上に車を停車。一分後にスーパーから出てくると車がなくなっていた。

（ケース2）路肩に車を駐車して休憩していたBさんは、突然、後ろから入ってきた車に追突された。あわてて車を降り、後部バンパーを確認しにいくと、なぜか自分の自動車が急発進、その直後、追突した車のほうも走り去っていった。

（ケース3）中古車販売店を営むCさんは、お客に引き渡す予定の改造車三台を店内のショーウィンドーにおいたまま帰宅した。午前三時すぎにその店内に窃盗犯が侵入。わずか四分程度の間に販売用の車三台が次々に運び出され、翌朝店に出勤したCさんは車がなくなっているのに気づき呆然《ぼうぜん》とした。

（ケース4）Dさんは愛車がずいぶん汚れてきたので、最寄のガソリンスタンドで洗車をすることにした。洗車を担当していた店員が少し目を離したすきに、何者かがDさんの車に搭乗、あっという間に乗り逃げされた。

（ケース5）昼間、主婦のEさんが家の掃除をしていると、玄関の呼び鈴が鳴った。ドアを開けて出てみると、ある自動車ディーラーの名前を騙《かた》った男が「お宅のご主人から車の修理を頼まれて引き取りにきました」という。車のことについて何も知らないEさんは、なんの疑いも抱かずに車のキーを渡す。夜、帰宅した夫に「車どうしたの？」と聞かれて初めて、家の車が盗まれたことに気づいた。

上記五つの事例はいずれも実話だ。盗みの技術は年々進歩し、ハイテク化が進んでいる。かつては、買い物などでキーをつけたまま車を離れ、その間に乗り逃げされてしまうというパターンが大半であったが、九九年以降はキーをはずしていたのに盗まれるケースが、キーをつけたままのケースを上回るようになった。

ロックをしてあり、キーははずしていたのに盗まれるのは、窃盗犯がドアのすきまから針金状の解錠道具を入れてロックを開けたり、ハンマーなどでガラスを割ったりして車内に進入、電動ドリルなどを使って短時間でエンジンのキーボックスを破壊し、エンジンを始動させるという手口を使っているためだ。最近はピッキングによるものが大半で、その手口は十秒とかからないというデータもある。

警察庁の資料によれば、国内で盗み出された自動車の数は、八〇年代から九〇年代前半にかけて三万二〇〇〇台から三万五〇〇〇台程度の規模で推移していたが、九〇年代末から急増しており、二〇〇一年には、六万三二七五件とはじめて六万件の大台を超えた。直近の二〇〇四年も五万八七三七件と、なお高水準で推移している。

もちろん、これは警察に被害届けのあった件数であり、「古い車でたいした被害でないから届け出なくてもいいや」などと考え、警察に報告しなかった人の分を含めればさらに件数は膨らむ。

法務総合研究所によれば、自動車を盗まれた世帯のうち、実際に被害を申告した比率は二〇〇〇年で六一・五%にとどまっている。警察に届けられた盗難自動車の件数をこの六一・五%で割ってやれば、実際に窃盗の被害にあった車両数が計算でき、二〇〇四年は九万五五〇七台ということになる。

最も盗まれやすい車種はアリストで二〇〇三年の盗難率（保有台数千台あたりの盗難台数）は一〇・一に達する。以下、ランドクルーザー（盗難率は七・一）、セルシオ（同七・〇）、シーマ（同五・九）、インテグラ（同五・二）と続く。

盗難事件が頻発した九九年から二〇〇〇年にかけては、高額で海外に転売できるという理由から、新車や高級外車、国産の高級セダンやRV車が被害に遭うことが多かった。しかし、最近では新車・高級車よりも中古車が狙われるケースが多くなったという。

たとえば、二〇〇二年に、損保各社が盗難事故に関連して支払った車両保険の内訳をみると、新車登録から三年以上経過した中古車の割合は六六・七%にのぼり、二年前の五〇・一%から大幅に上昇した。一方、RV車や高級セダンが占める割合は四二・二%と二年前の五七・〇%から急低下した。

警察庁の資料をみても、盗難被害のうち三〇〇万円以上の高額被害が占める割合は、二〇〇〇年の二二・一%から二〇〇三年には一一・五%まで低下した。窃盗の対象が中古車へとシフトしている背景には、新車・高級車がイモビライザー（電子式盗難防止装置）を標準装備として取り付けることが多くなり、盗難が難しくなったことがある。警察庁の分析では、イモビライザー搭載車の盗難防止効果は、非搭載車の二・七倍から八・六倍に達する。

また、長引く不況で新車を購入する人が減ったため、路上に駐車してある中古車の割合自体が上昇したことも影響している。

では、窃盗団はいったいどれほどの利益を得ているのか、盗難自動車の市場規模を推定してみよう。

盗難自動車それぞれの時価を正確に測定することは不可能なので、①盗難車は高級外車が多い、②年式の新しい車が多い、という特徴に基づき、中古車情報誌で年式が九五年以降のベンツ（Cクラス）の中古価格の平均値を求めた。

車種別の盗難率（2003年中）

車種	盗難率（千台比）	車種	盗難率（千台比）
アリスト	10.1	エルフ	2.8
ランドクルーザー	7.1	クラウン	2.3
セルシオ	7.0	メルセデスベンツ	2.3
シーマ	5.9	ハイエース	2.2
インテグラ	5.2	マークII・チェイサー・クレスタ	1.8
スカイライン	3.6	シビック	1.5
キャンター	3.3	カローラ・スプリンター	0.2
セドリック・グロリア	3.0	全車種平均	1.0

（警察庁資料より作成）

自動車窃盗市場の推移

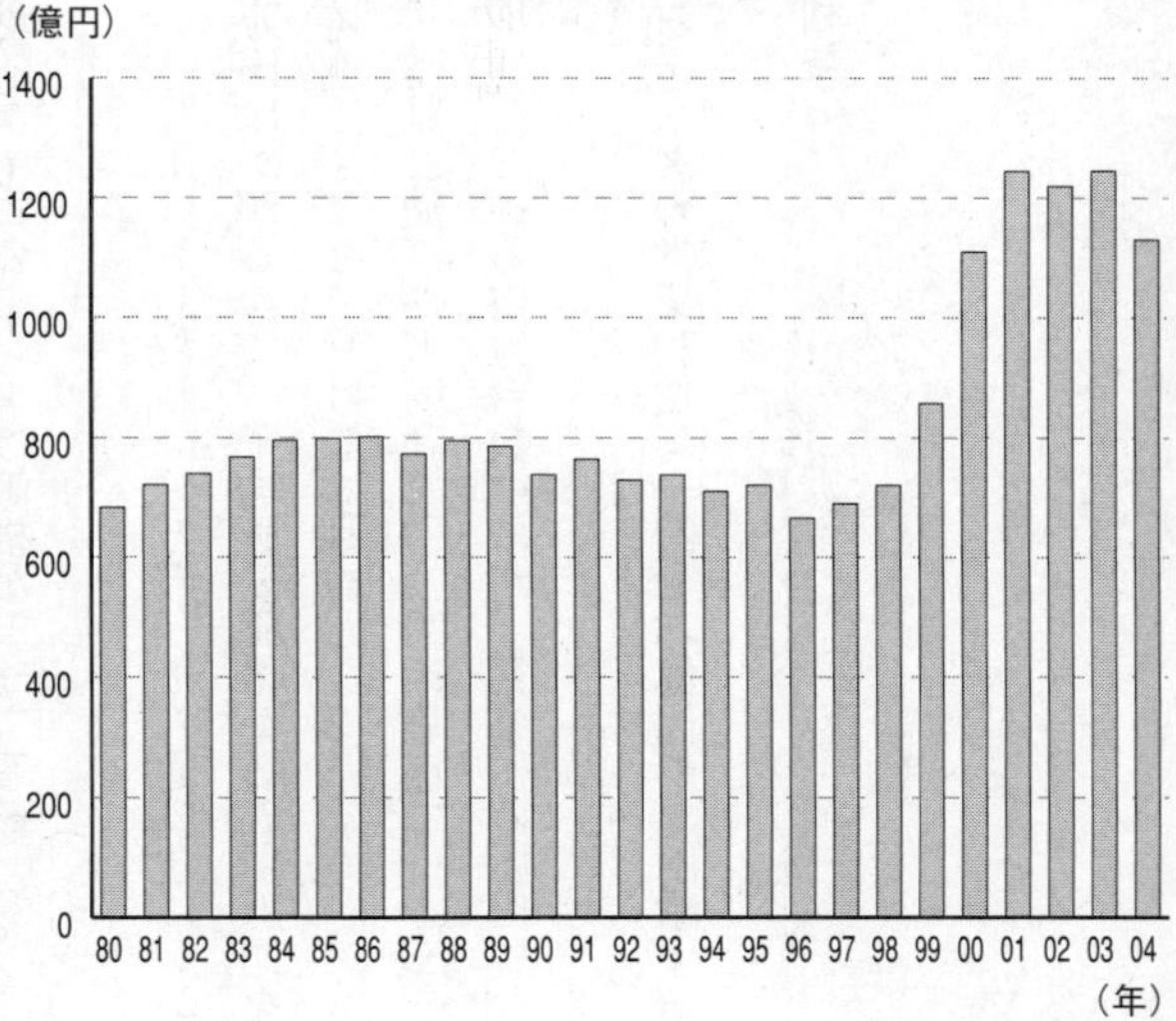

（各種資料より筆者推計）

五三のサンプルを集計した結果、平均的な中古のベンツは価格が二一二万三〇〇〇円となった。

一方、ナンバープレートの偽造にかかる費用はおおむね一〇万円、その他偽造にかかるもろもろの費用を含めると総額で五〇万円はかかるので、平均販売価格から五〇万円を差し引いた金額が、窃盗団が一台の車を盗み出すことで受け取る利益となる。

これに先の盗難台数を掛けてやると、盗難自動車の市場は二〇〇四年時点で一一三一億円と推定される（市場規模は、警察が把握している盗難台数のほか、警察への届出のなかった推定盗難台数も含めて計算）。

これは二〇〇五年三月期決算におけるホンダの営業利益（一四七六億円）に匹敵するほどの規模だ。何とも巨大な市場である。

▼覚せい剤による暴力団利益は八〇〇〇億円

二〇〇五年八月、「青い春」などで知られる若手実力派映画監督の豊田利晃《とよだとしあき》が覚せい剤取締法違反で逮捕され、それが大きなニュースとしてマスコミに取り上げられた。いしだ壱成《いっせい》（大麻）、田代《たしろ》まさし（覚せい剤）、カルーセル麻紀《まき》（覚せい剤）、元騎手の田原成貴《たばらせいき》（覚せい剤）、など芸能人などで麻薬に手を出す者は後を絶たないが、こうした芸能人の例を引き合いに出すまでもなく、現在、私たちの身の回りには覚せい剤、大麻、コカイン、LSD、シンナーなどありとあらゆる違法ドラッグが氾濫しており、ごく普通の人たちにとっても違法ドラッグは他人事《ひとごと》ではすまなくなりつつある。

国際連合の推計によると、二〇〇三〜二〇〇四年において、こうした違法ドラッグの使用者は世界中で二億人（一五歳〜六四歳人口の五・〇％）に上るという。

最も消費量が多いのは大麻で使用者は一億六〇九〇万人、次に多いのがアンフェタミンタイプの覚せい剤で使用者は二六二〇万人、以下アヘン(一五九〇万人)、コカイン(一三七〇万人)、エクスタシー(七九〇万人)の順となっている。

日本で、最も氾濫している違法ドラッグは覚せい剤である。

警察庁の外郭団体である社会安全研究財団が行った推計によると、二〇〇三年度時点で日本の覚せい剤乱用者は二三〇万人にも上るという。かなりショッキングな数字である。この調査は、全国の二〇歳以上の男女二〇〇〇人を対象に面接調査の形式で行われた。直接本人に「覚せい剤を使っているか」と聞いても正しい回答は得られないので、身近に覚せい剤の乱用者がいるかどうかという間接的な質問をもとに推計されている。ちなみに、「乱用者を知っている」と回答したものは全体の二・五%程度であった。

わが国における覚せい剤の乱用者はここ数年の間に急増しており、とりわけ若者の乱用が際立っている。この社会的背景として以下の三点が挙げられよう。

まず第一に、大量の覚せい剤が密輸されるようになったことから、末端価格が急速に低下し、一グラムあたり数万円程度と若者が手軽に手を出せる価格帯になったということがある。

密売する者が販売量の小口化を図り、一回分の使用量をパッケージにして数千円で売るようになったことも、若者による覚せい剤の購入を容易にさせた。

第二に、覚せい剤が若者の間でひとつのファッション・アイテムになったということがある。

一昔前は「シャブ」とか「ブツ」とか言われ後ろ暗いイメージのあった覚せい剤を、最近の若者は「スピード」とか「エス」とか「アイス」などとしゃれた名称で呼んでおり、同じ覚せい剤でもイメージが大きく変わってきている。

また、女子高生のなかには「やせたいから」という信じられない理由で覚せい剤に手を出す者もいる。

第三に、携帯電話やインターネットの急速な普及で、自分の名前や素性を明かすことなく簡単に覚せい剤を手に入れることができるようになったということがある。

覚せい剤の密売が暴力団にどれぐらいの利益をもたらしているか推定してみよう。推計方法は、まず押収量の年次データ（統計的な方法によりトレンドを推定）をもとに、覚せい剤の押収量は全流通量の五％程度（警察庁が行った覚せい剤事犯に対するアンケート調査の結果による）との仮定をおいて、全流通量を推定する。一グラムあたりの利益は、全国麻薬取締官事務所が検挙した薬物事犯の供述に基づく末端価格の平均値から仕入価格

（末端価格の三〇%程度）を差し引いて求める。全流通量に一グラムあたりの利益を乗じて、そこから押収分の利益を差し引いて全体の密売市場の大きさを算出した。この結果、二〇〇四年の覚せい剤の密売市場は最大で七九四四億円となった。製薬メーカートップの武田薬品工業の二〇〇五年年三月に発表された年間の営業利益が三四四四億円であることから考えれば、恐しい数字である。

▼北朝鮮ルートの遮断で覚せい剤の末端価格が上昇

近年、覚せい剤の乱用が若者の間に広がりつつある。

この背景としては、繁華街などで若者が密売人と接する機会が増えたことや、覚せい剤をファッションのひとつとして受け入れる風潮が強まったこと、密売人がそれまでグラム単位でさばいていた覚せい剤を二〜三回の使用量をパックにして小口で密売するようになったことなどが挙げられるが、最も大きな要因は覚せい剤の末端価格が大きく下がって小遣い感覚で入手できるようになったことであろう。

では、覚せい剤の末端価格は過去と比べてどれぐらい値下がりし、また現在いくらぐらいで出回っているのだろうか。覚せい剤の密売価格は、取引が行われる地域や時期、一回に取引される量、その取引関係が継続的であるかどうかなどによって大きな開きが生じるため一概には比較できないが、警察庁や麻薬取締官事務所の調査などによって、単位あたりの平均価格を調べてみよう。

警察庁が一九八二年に全国調査を行った際には、覚せい剤の一回使用分（約〇・〇三グラム）の平均価格が約五〇〇〇円程度、一グラムでは一七万円程度とかなりの高額で取引されていた。

テレビや新聞のニュースなどを見ていると、よく押収した覚せい剤を末端価格で表示することがあるが、値段に換算する際には、数年前まで大抵この一グラム一七万円という値を基準にしていた。また、九〇年時点で警察庁が行った調査によれば、覚せい剤一グラムあたりの取引価格は最低で五万三六〇〇円、最高で一五万二五〇〇円となっている。

ちなみに、警察庁はこのとき米国での取引価格も示している。それによれば、米国では一グラム六八〇〇円から一万六九〇〇円で取引が成立しており、覚せい剤に関しても大きな内外価格差が生じていたことがわかる。

九〇年代前半には、覚せい剤が品薄状態となったことから、一グラム二〇万円を超える金額で取引されることも珍しいことではなかったという。

それが、九〇年代後半になると、北朝鮮ルートで安価な覚せい剤が大量に密輸されるようになり、日本国内の覚せい剤の末端価格は大幅に低下するようになった。九七年に全国麻薬取締官事務所が行った実態調査では、一グラムあたりの取引価格は最低で九〇〇〇円、最高でも六万円程度となっている。

しかし、海上保安庁が、北朝鮮籍のすべての船舶に立ち入り検査を実施するなど、監視体制を強めたことで北朝鮮ルートが遮断され、その結果、覚せい剤が品薄となってきた。需要の拡大に供給が追いつかなくなり、国内の末端価格は急上昇している。

二〇〇三年四月時点の末端価格は、一グラムあたり三〇〇〇円から四〇〇〇円程度であったが、二〇〇三年の秋口以降は一グラムあたり一万五〇〇〇円から二万円程度の高値で推移しているという。北朝鮮ルートが遮断された結果、最近では、それに代わってフィリピンやマレーシア、カナダなどから覚せい剤を密輸入するケースが増えつつある。

なお、警察庁が二〇〇一年二～三月にかけて逮捕した覚せい剤の末端乱用者九六四人を対象に行ったアンケート調査によれば、覚せい剤の購入などに費やした金額（回答七七八人）は平均で約六万一〇〇円。「五万円未満」が六五・九％と最も多く、次いで「五万円以上一〇万円未満」が二〇・三％を占めた。

ちなみに、覚せい剤の密売価格を他のドラッグの密売価格と比較してみると、九七年では、覚せい剤が一グラムあたり九〇〇〇～六万円であるのに対して、ヘロインが同三万五〇〇〜七万円程度、コカインが同一万五〇〇〇円程度、ＬＳＤが一錠三〇〇〇〜一万円程度となっている。

▼全国で一〇〇〇人!?　若者に覚せい剤を売りさばくイラン人

バブル期に日本へ不法入国し、上野や代々木、アメ横などで変造テレカや変造パチンコカードを売りさばいていたイラン人グループの一部は、なお国内にとどまっている。

九〇年代後半以降、彼らの主要な資金源は各種変造カードの密売収入から、より収益性の高い覚せい剤やアヘン、コカインなど規制薬物の密売収入へと変わるようになった。

彼らは暴力団から覚せい剤などの薬物を入手し、それを東京、名古屋、大阪の駅周辺の街頭やガード下などで密売する。

警察庁の資料によって覚せい剤事犯として検挙された来日イラン人の数をみると、九〇年代後半から急増しており、九二年にはわずか一人であったものが、ピーク時の九七年には二二〇人にまで膨れ上がった。

直近の二〇〇四年は、七四人と依然高水準で推移している。

現状、外国人による薬物事犯（営利目的）の多くはイラン人で占められる（二〇〇四年は二〇％）。

警察に検挙され、国外退去の措置がとられた密売人のなかには、偽造したパスポートで再入国する者もいる。

現在、わが国は「第三次薬物乱用期」に入ったとされ、とりわけ若者の間で覚せい剤汚染が深刻化しているが、その原因のひとつは、こうしたイラン人による無差別な覚せい剤の密売にあると考えられる。

イラン人密売グループは、繁華街を歩いている高校生らに、カタコトの日本語で「エス（覚せい剤の俗称）アルヨ」などと声をかけ、携帯電話などの番号を記入したカードなどをこっそり渡して取引交渉をしている。

若者たちの一部には口コミ情報などでイラン人から簡単に薬物を買えることを知り、自ら密売グループに接近していく者もいる。「やせたい」という理由で、イラン人密売組織から覚せい剤を入手するおろかな女子中高生も増えているようだ。

個々のイラン人密売人による覚せい剤の密売収入はいったん組織の幹部に送金され、全収入の半分程度が組織の収入、残りの半分が密売人の給料としてフィードバックされる仕

覚せい剤事犯の検挙人員の推移

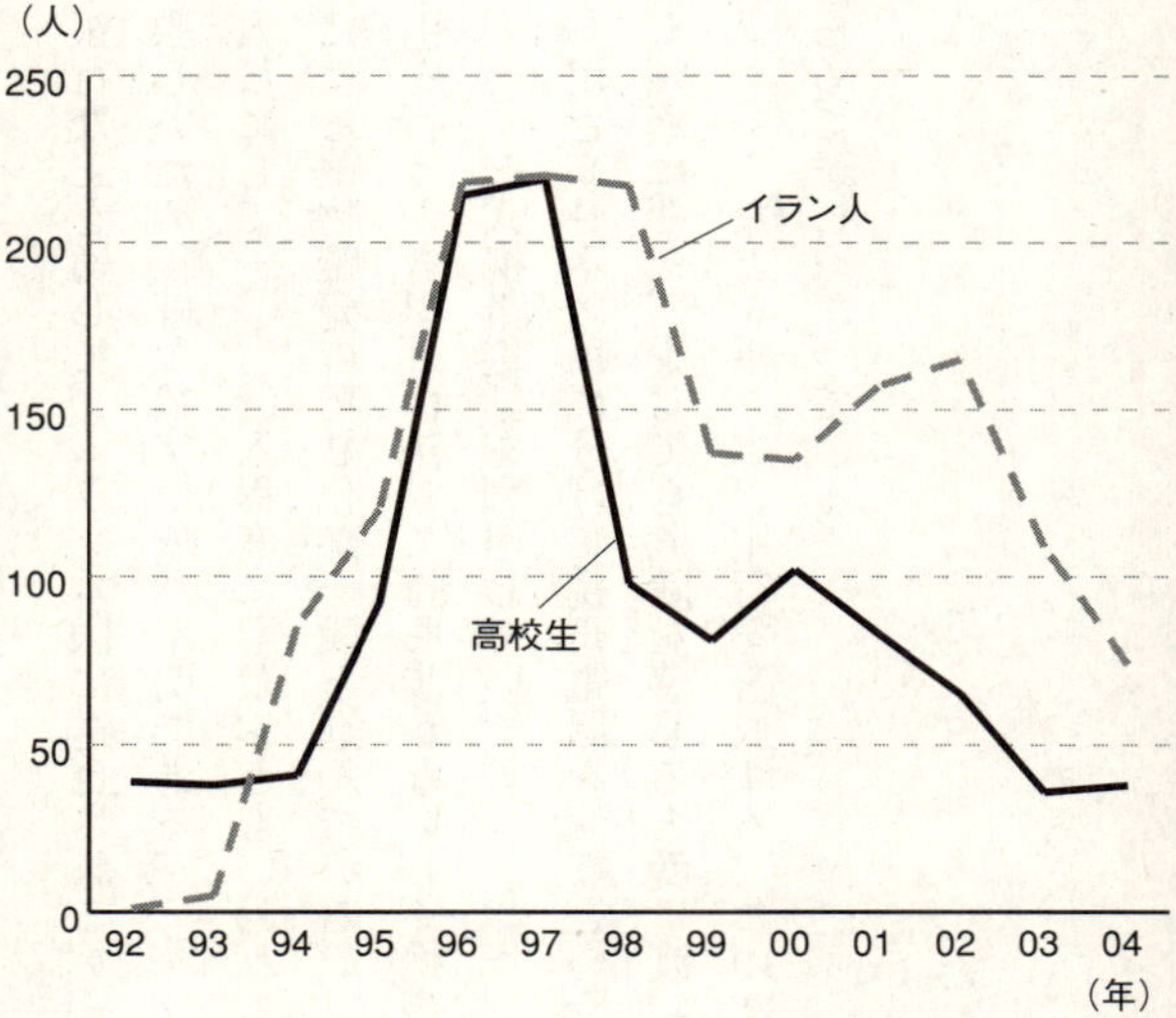

（警察庁資料より作成）

組みとなっている。

給料はいわゆる地下銀行などを通じて、イラン本国に送金されるケースもある。

組織の結成、解散が激しいため正確な数字は依然不明であるが、イラン人の密売組織は全国で五〇グループ、人数にして一〇〇〇人程度にも及ぶともいわれる。

最近では、イラン人による薬物密売の巧妙化が一段と進んでいる。

彼らは規制薬物を取引を行うとき以外は決して持ち歩かないし、携帯電話も身元を割り出される心配がないプリペイド式携帯電話を利用している。

しかも、プライベート用とビジネス用に分けて携帯電話を使うという念の入れようだ。

さらに、取引の場所も頻繁に変え、少しでも危険を感じると受け渡し場所に姿を現さない。移動手段も電車やタクシーなどを乗り継ぎ尾行を警戒する。このため、警察が密売組織を摘発することはきわめて難しくなっている。

▼みかじめ料はスナックで二、三万円

暴力団の伝統的な資金源のひとつにみかじめ料というものがある。

みかじめ料は、「用心棒代」とか「ショバ代」、「塩噌《えんそ》」などとも呼ばれ、暴力団が毎月いくばくかの金額をバーやキャバクラといったお店に要求するかわりに、店のお客との間にトラブルなどが発生した場合には、その仲介に立って問題を解決するというものである。

もちろんこれは非合法の収入源だ。

みかじめ料は、現金によって受け取るケースが多いが、おつまみや芳香剤、オシボリや観葉植物、絵画などのリース代金として受け取ることや、年末におけるしめ飾りや門松など商品購入の代金として受け取る場合もある。

データは少し古くなるが、八九年に警察庁が行った推計によれば、みかじめ料の収入は

暴力団全体で一一三二億円にも及び、覚せい剤、賭博・ノミ行為に続く三番目に大きな資金源となっている。

みかじめ料を支払っているお店は、バーやクラブ、キャバクラ、スナック、ソープランド、ファッションヘルス、イメージクラブ、テレクラ、ホテトル、ゲームセンター、パチンコ店など風俗関係が圧倒的に多い。これらのお店が毎月いくらぐらいのみかじめ料を支払っているのか気になるところである。

みかじめ料の相場は、店の営業形態や売上規模、馴染《なじ》みの度合いによって多種多様であるが、新聞報道で一部明らかになったところや、警察庁などの資料をもとに平均すると最近では、おおむねスナックが二万～三万円、キャバクラが三万～五万円、通常のクラブが五万～一〇万円、ゲームセンターが一〇万～一五万円、ソープランドが一五万～二〇万円となっているようだ。

一〇年前までは暴力団の主要な資金源となっていたみかじめ料だが、九二年三月に暴力団対策法が施行されてからは、お店からみかじめ料を取り立てることが困難になりつつある。というのも暴対法は、これまでの法律では取り締まりが難しかったヤクザによるみかじめ料の要求を、禁止事項のひとつとして明記しているからだ。

暴力団対策法に基づく中止命令及び再発防止命令件数

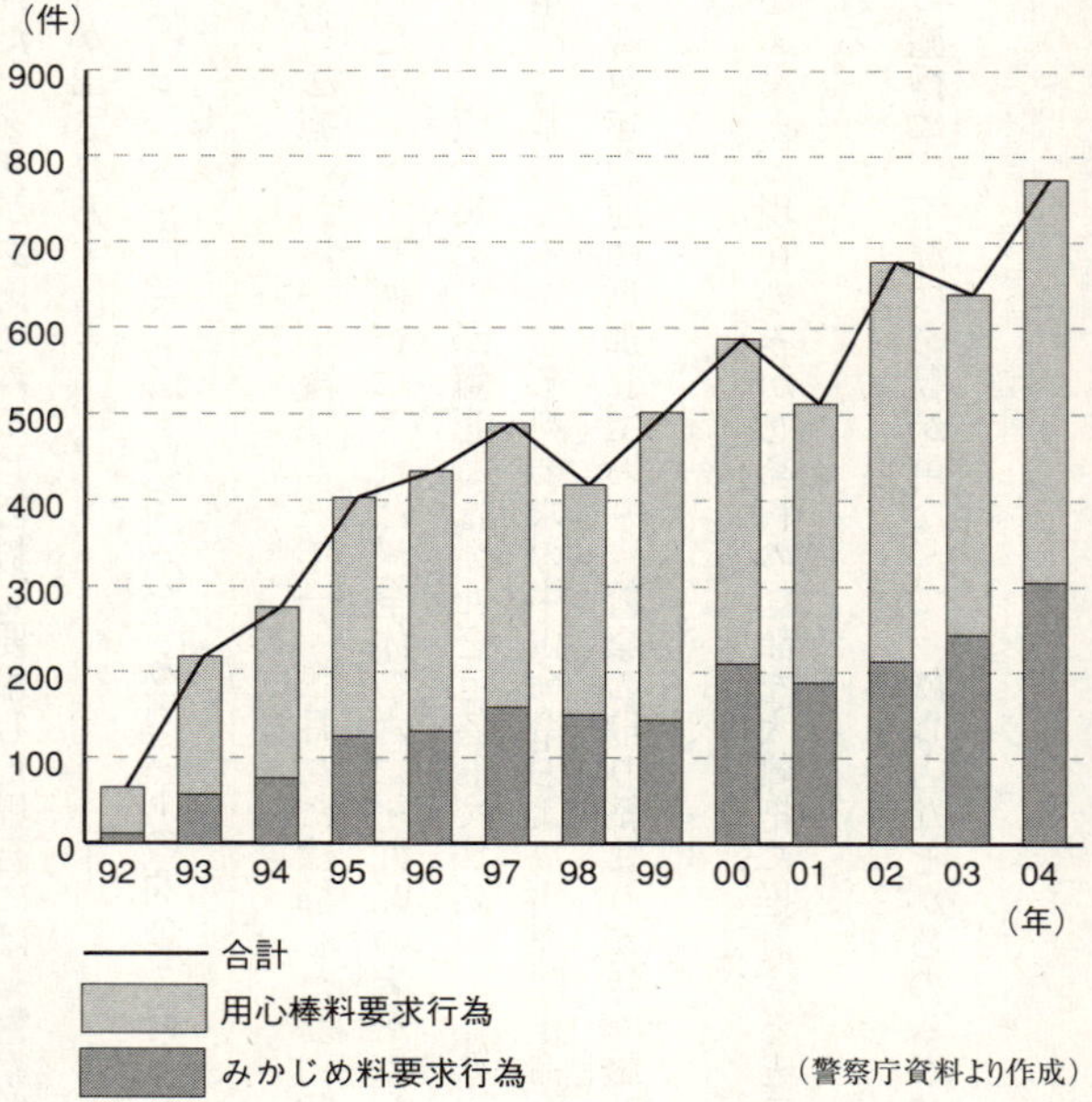

（警察庁資料より作成）

暴力団に指定されたヤクザがあえてみかじめ料を要求した場合には、警察署長から中止命令や再発防止命令が出される。

この命令に従わないと、一年以下の懲役や一〇〇万円以下の罰金が科されてしまうのだ。

実際、警察庁が暴対法施行から一年後（九三年一～二月）に逮捕した暴力団構成員一四四〇人を対象に行ったアンケート調査によれば、全体の六二・九％の者がみかじめ料要求をはじめとするシノギ（資金集め）が難しくなったと回答している。

また、暴力団対策法に基づくみかじめ料要求の中止命令および再発防止命令件数の推移をみると、九二年以降毎年急速に増加しており、警察の取り締まりが年々厳しくなっていることを裏付けている。

このような状況をふまえ、現在のみかじめ料の総額を大雑把に推計すると八七〇億円程度になると考えられる。

こうした暴対法の施行に、不況の影響が重なって、飲食店などからのみかじめ料収入は減少傾向にある。

▼暴力団の非合法な稼ぎはおよそ二兆円！

日本ヤクザ株式会社の稼ぎはどれぐらいだろうか。

やや旧聞に属するが、警察庁が八九年に行った推計によれば、暴力団が一年間に稼ぎ出す資金は総額一兆三〇一九億円に及ぶ。

これは、わが国の鉱業や家具製造業の年間産出額に匹敵する規模であり、まさに巨大産業としての姿が浮かび上がってくる。資金源を合法的な稼ぎと非合法な稼ぎに分けてみると、非合法な稼ぎが一兆四五三億円（八〇・三％）と大半を占める。

最大の資金源となっているのは覚せい剤の密売で、全収入の三四・八％に達する。次に多いのがノミ行為と闇賭博で一六・九％。以下、みかじめ料（八・七％）、民事介入暴力（七・三％）、企業対象暴力（三・四％）と続く。一方、合法的な稼ぎは二五六六億円でその中心を占めるのは企業経営である。

もちろん、これはバブル最盛期の話であり、九〇年代に入ってからは暴対法が施行されるなどヤクザを取り巻く環境は大きく変わってきている。

そこで、バブル崩壊以降、ヤクザの非合法な稼ぎがどのように推移しているか、いくつかの仮定をおいて延長推計を行ってみた。

まず、収益の柱である覚せい剤の密売を押収量のデータなどをもとに推計していくと、麻薬ビジネスは、暴力団構成員が携帯電話やインターネットを駆使して巧妙な取引を行っていることなどから、毎年高水準で推移している。

直近の二〇〇四年は覚せい剤ビジネスだけで三四〇〇億円から最大で七九四四億円も稼ぎ出している。

最近では、覚せい剤の利幅が小さくなってきたことから、大麻やコカイン、ヘロインなど他の違法ドラッグの取引にも手を染めているようだ。

覚せい剤ビジネスが好調を維持するかたわら、ノミ行為や闇賭博、みかじめ料といった伝統的な資金源のほうは、長引く不況や暴対法施行の影響を受けて近年細りつつある。

たとえば、違法賭博で検挙された暴力団構成員の数などをもとに推計したノミ行為・闇賭博からの収入は、警察の取り締まり強化などの影響を受けて八九年の二二〇〇億円から

暴力団の非合法所得の推移（実額）

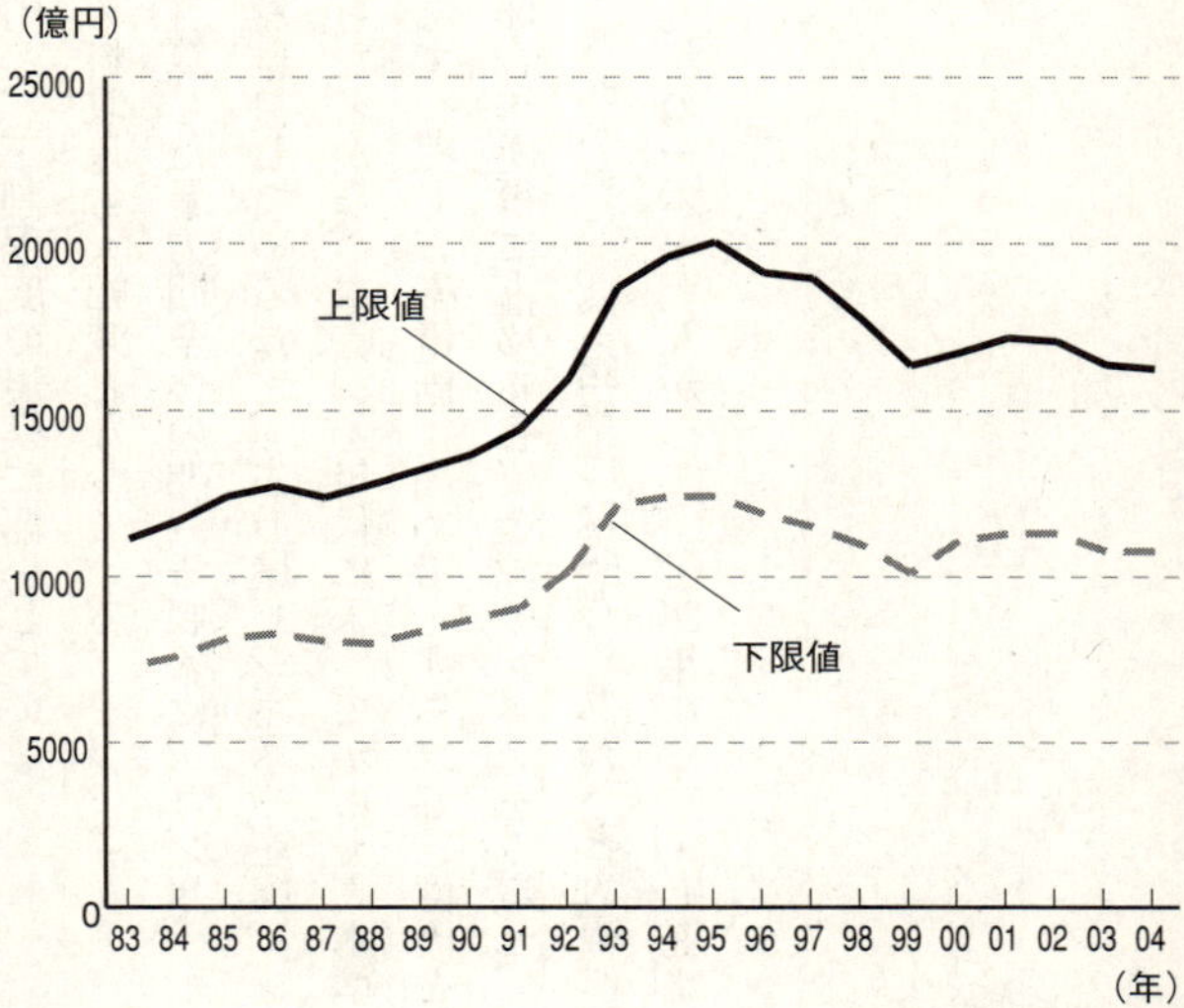

（各種資料より筆者推計）

二〇〇四年は六〇五億円と、三割程度の規模に縮小している。

暴対法施行でみかじめ料収入も大幅減となっている。

それぞれの収入源を合算した暴力団全体の非合法収入は、コンピュータ網などを駆使した麻薬ビジネスが好調を維持していること、占有屋ビジネスや産廃ビジネスなど新たな資金源が拡大していることなどから、二〇〇〇年代に入ってからも高水準で推移しており、二〇〇四年の規模は低めで一兆七五五億円、高めで一兆六二五〇億円となっている。

ちなみに、暴力団の非合法所得に占める各資金源のシェアをみると、麻薬取引が八九年（警察庁推計）の三四・八％から二〇〇四年には四八・九％へと大幅に拡大した一方、違法賭博・ノミ行為は八九年の一六・九％から二〇〇四年には三・七％まで低下している。

▼発覚分だけでも年間二兆円を超える脱税額

近年、芸能界を舞台にした脱税騒動が相次いでいる。

二〇〇五年八月にはおしゃべりが人気の上沼恵美子《かみぬまえみこ》が、大阪国税局から二〇〇三年までの三年間で個人所得約一五〇〇万円の申告漏れを指摘された。大阪国税局は過少申告加算税を含め六〇〇万円を追徴課税。

また二〇〇一年一〇月には、安室奈美恵《あむろなみえ》やMAXなどが所属する大手芸能事務所フリーゲートプロモーション（旧ライジングプロダクション）が広告宣伝・イベント制作の架空発注や経費の計上時期をずらすなどの手口により、約二五億四三四六万円の法人所得を隠し、約九億三八五四万円を脱税していたことが発覚した。

さらに二〇〇一年一二月には、サッチーこと野村沙知代《のむらさちよ》と彼女が経営する会社二社が、五億六八〇〇万円余の所得を隠し、二億一三〇〇万円余りを脱税したとして、法人税及び所得税脱税の罪で起訴された。

サッチーは自分の経営する会社において普段は帳簿類を一切つけず、決算期が近づいてくるとまとめて架空経費を計上していたという。

芸能人が脱税をすると、とりわけ大きく報道されるが、脱税事件は私たちの身近なところでも頻繁に起こっている。

たとえば、国税庁が所得税の確定申告をした自営業者を対象に税務調査を行ったところ、二〇〇三事業年度（二〇〇三年七月から二〇〇四年六月までの間）では、調査対象者（七二万八〇〇〇人）のおよそ八割に当たる五七万七〇〇〇人から総額約九〇九三億円に及ぶ申告漏れが見つかった。

一人あたりの脱税額が多かった事業者のワースト・ファイブをみると、一位が貸金業で二七八七万円、脱税額だけでサラリーマンの平均年収を大きく上回る額となっている。以下、二位がソープランドなどの風俗業（二二九七万円）、三位が病院（二一三八万円）、四位がバー（一五四八万円）、五位が養豚業（一三六二万円）の順となっている。

所得税だけでなく、法人税でも脱税はたくさん見つかる。国税庁が脱税疑惑のある法人一一万五〇〇〇件について実地調査を行ったところ、二〇〇三年度で何らかの申告漏れが

1件あたりの事業所所得の申告漏れが高額な上位10業種（2003年度）

順位	業種	1件あたり申告漏れ所得額（万円）	1件あたりの追徴税額（含加算税）（万円）	直近年分における申告漏れ割合（%）	前年順位
1	貸金業	2,787	813	89.3	1
2	風俗業	2,297	598	87.3	2
3	病院	2,138	853	5.5	3
4	バー	1,548	392	64.6	4
5	養豚業	1,362	310	34.1	—
6	焼肉	1,042	197	36.7	5
7	くず金卸売業	1,009	263	28.6	6
8	食肉小売業	998	301	27.4	16
9	弁護士	951	317	10.4	14
10	産婦人科医	941	375	8.0	9

（国税庁資料より作成）

あったのは八万六〇〇〇件と調査対象の七四・八％に上り、その中告漏れ所得金額は合計で一兆三三七三億円に達した。所得税と法人税を合わせると、二兆円を超える脱税。

不正発見割合の高い業種ワースト・ファイブは、一位バー・クラブ（五三・九％）、二位パチンコ（四七・五％）、三位廃棄物処理（三三・一％）、四位農業・畜産（三〇・四％）、五位書籍・雑誌販売（二九・八％）の順だ。

また、一件あたり脱税額のワースト・ファイブは一位貿易（六七〇六・五万円）、二位自動車・同付属品製造（六二一〇・一万円）、三位パチンコ（五二一八・五万円）、四位物品賃貸（四〇二六・九万円）、五位情報サービス・興信所（二八九六・六万円）の順となっている。

所得税にせよ、法人税にせよ毎年脱税額の上位に名を連ねる業種の多くは、現金の流れがつかみにくいサービス業に属する中小、個人企業であるといえそうである。

▼なんとGDPの三%！　脱税規模は他先進国を圧倒

日本の地下経済の最大の源泉となっているのは脱税である。脱税の拡大は課税ベースの縮小をもたらし、結果として政府の税収の減少、財政赤字の増大につながる。

税収が落ち込むことになれば増税が行われるから、それがさらなる地下経済の拡大を促すという悪循環に陥る可能性だってある。

わが国の財政赤字は二〇〇三年度時点で約三七・五兆円、対名目GDP比で七・五%に達しており、他の先進諸国と比べて圧倒的に規模が大きい。

こうした巨額の財政赤字を削減するために、政府は歳出規模の削減や消費税の増税などを検討しているようだが、そんなことよりも、脱税など地下にもぐっている隠れた所得をしっかりとらえて摘発し、それらに法人税や所得税をきちんと課せば、税収が増え、財政赤字は少なからず改善するのではないだろうか。

では、わが国の脱税の規模がどれぐらいになるのか試みに推計してみよう。

脱税額の測定は、元国税庁長官の矢澤富太郎氏が行った推計方法を利用した。

矢澤氏は一九八三年度における申告漏れ所得を次のように試算している。まず、国税庁が公表した査察事績から所得税や法人税の調査後所得（申告されるべき正しい所得）に対する申告漏れ割合が得られる。

一九八三年度のデータによって所得税の申告漏れ割合をみると、給与所得が二・六%、農業・営業・その他事業・不動産所得が二〇%前後、譲渡所得が三二～三八%となっている。一方、法人税については、資本金一億円以上の大企業が三%程度、中小企業が一二%程度となっている。

大企業は実調査率（国税庁が実際に税務調査を行った企業が全企業に占める割合）が高いので、その結果が示す申告漏れ割合は全法人の傾向を示すと考えられる。

しかし、その他の実調査率は、個人の事業所得が四～五%、中小企業が一〇%ときわめて低い。これは、中小企業や個人の納税義務者が膨大な数に上り、税務調査が十分に行き届いていないことを反映している。

脱税額が名目GDPに占める割合の推移

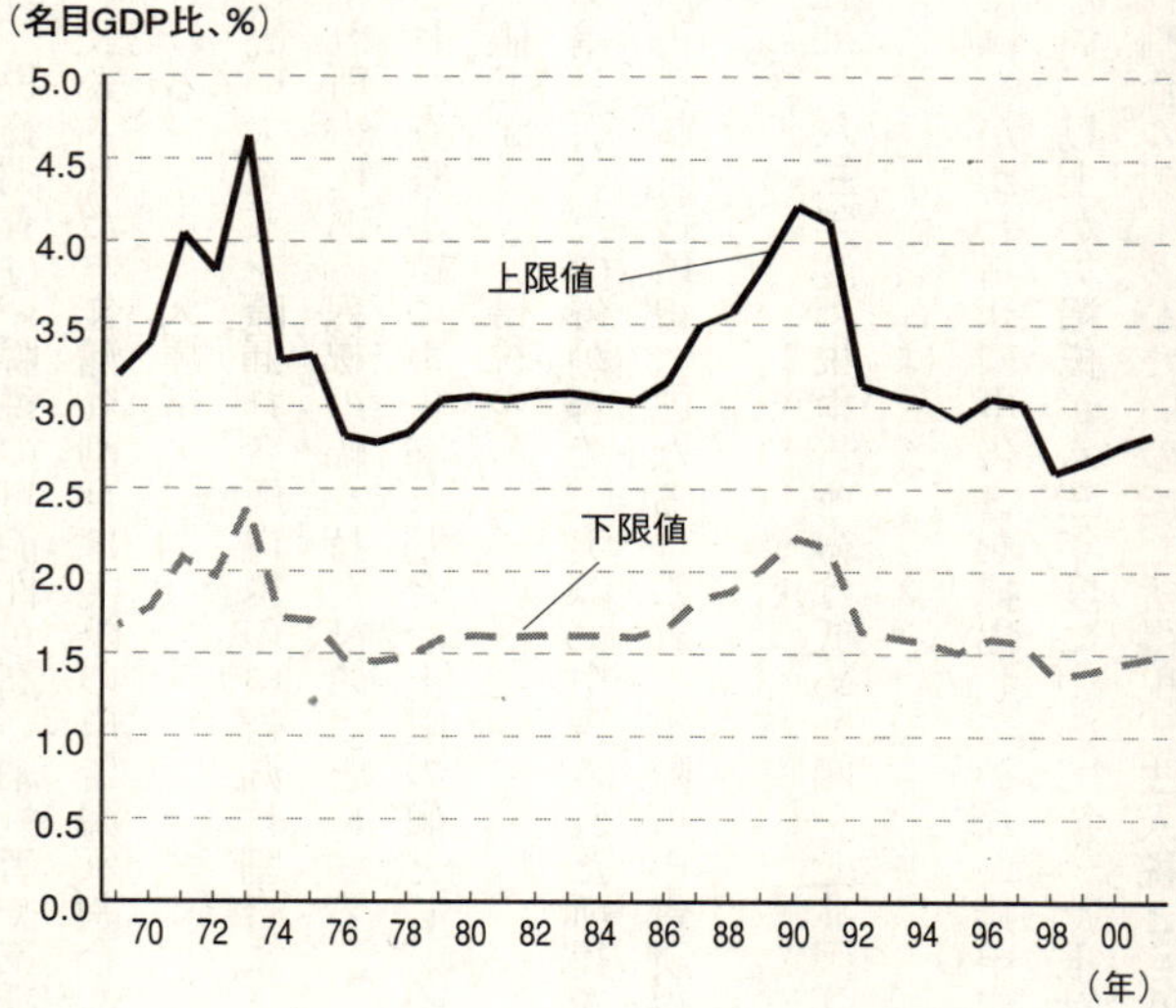

（国税庁、警察庁資料などより筆者推計）

実調査率が低い場合、税務調査は、脱税の可能性が高い納税者や業種に的を絞って行われることが多いので、公表された申告漏れ割合は実際の申告漏れ割合に比べてかなり高めになっていると推測される。

そこで、実調査率の高い大企業を除いた各所得税の申告漏れ割合に下限値と上限値を設定し、推計する申告漏れ所得にある程度の幅を持たせることにする。

具体的には、公表された査察事績の申告漏れ割合を上限の値とし、その二分の一を平均的という意味で低めの値とする。

この申告漏れ割合を差し引いた申告割合で、実際に申告された所得を除いたものが、申告されるべき正しい所得（調査後所得）となる。これと実際の申告所得との差が申告漏れ所得である。

矢澤氏の推計によれば、八三年度の未申告所得は低めで四・七兆円、高めで八・九兆円の規模であった。

なお、所得があったにもかかわらず、申告書を提出していない無申告者の所得は僅少であるため計上していない。以上が矢澤氏が八三年度について行った推計である。他の年度については、申告漏れ割合のデータがないので、所得税、法人税とも八三年度と同じ申告漏れ割合を前提として延長推計を行った。それによると二〇〇一年度の脱税額は低めで七・四兆円、高めで一四・二兆円になる。

脱税額が名目GDPに占める比率の推移をみると、一九七〇年代後半から八〇年代前半にかけて一・五～三・一％と安定した水準で推移した後、八〇年代後半にかけて急速に膨張したことがわかる。バブルの崩壊とともに縮小傾向となり、二〇〇一年度は一・五～二・八％程度で推移している（181ページ図表参照）。

バブル崩壊以降脱税額が縮小傾向にある背景のひとつとして、減税の影響が考えられる。九〇年代に入り、不況が長引くなかで政府は法人税や個人所得税について大幅な減税を行った。このため、個人や企業が脱税をしようとするインセンティブが弱まってきたのではないかとみられる。

▼ニセ札づくりのコストは、なぜ低下したか

世の中に紙幣が誕生して以来ついてまわるニセ金づくりの問題。これまで世界各国でさまざまなニセ金が出回り、そのたびに貨幣への信任が揺らいできた。西暦七〇八年に発行された日本で最初の流通貨幣といわれる「和同開珎《わどうかいちん》」（一九九八年に奈良県飛鳥池遺跡から出土した富本銭《ふほんせん》が和同開珎よりさらに古いという説もある）についても、発行後、たくさんのニセモノが出回るようになり、その結果、貨幣の発行者である大和朝廷の権力は弱まっていったといわれる。

政府の信用を背景に不換紙幣が流通するようになると、今度はニセ札が横行するようになった。一九八〇年代には「スーパーK」と呼ばれる本物そっくりのニセ米一〇〇ドル紙幣が世界各国に出回り、日本でも四〇〇枚以上が見つかった。スーパーKの「K」は北朝鮮で作られた偽造紙幣であることを意味するともいわれる。スーパーKは、偽造防止のた

めに本物の一〇〇ドル紙幣がデザインの変更を迫られるほど精巧に作られていた。

欧米諸国では、ニセ札事件が頻繁に起きることから、多くの小売店がニセ札判定機を設置しており、各店とも高額紙幣の使用に対しては警戒心をあらわにするようになっている。

日本の紙幣についていえば、これまでは、円紙幣の偽造が難しいこともあって欧米諸国ほど頻繁にニセ札事件が起きることはなかった。しかし、近年ではニセ札事件が相次ぐようになっている。

警察庁の資料によってニセ一万円札の発見枚数をみると、九六年にはわずか一二〇枚であったが、二〇〇四年には八八二八枚と七四倍近くに跳ね上がった。また、五千円札や千円札のニセモノの発見枚数も増加傾向にある。

急増しているニセ札事件は、二つのパターンに分けることができる。

ひとつは偽造の方法が単純で、すぐにニセ札と判別できるものだ。これは市販のパソコンやプリンタ、スキャナーなどを利用したもので、誰でも簡単に作ることができる。このタイプのニセ札犯は、ほんの出来心でニセ札を製作・使用するケースが多い。二〇〇二年三月からパソコンを使って作成したニセ札で全国のホテルを転々とし、自販機や両替機でニセ札を換金して生活費にしていた男が二〇〇三年六月に逮捕された事件や、二〇〇三年一一月に自宅のコピー機で偽造したニセ一万円札を、東京都杉並区のホテルで使おうとした男が通貨偽造・同行使の疑いで逮捕された事件などは、このパターンに該当《がいとう》する典型的な事件といえる。現在、全国各地で出回っている旧紙幣のニセ札事件もこのパターンにあてはまる。

もうひとつは、専門家でも判別することが難しい非常に精巧に作られたニセ札で、ニセ札の流通には国際的な偽造集団が絡んでいる。たとえば、二〇〇二年年明けに、東京の浅草、上野、新宿、渋谷で一〇〇枚、大阪で四〇〇枚、静岡で四〇〇枚など合計一〇〇〇枚を超える大量のニセ一万円札が見つかった事件は、このパターンに該当する。発見されたニセ一万円札はいずれも透かしの入った精巧なもので、ニセ札を使ったのは中国、台湾出身者であったという。事件の背後には外国人による大掛かりな偽造組織があるとみられる。精巧につくられたニセ札のなかには、本来、ニセ札をはじくはずの現金自動預け払い機（ATM）までかいくぐるものが出てきている。

上記二つのパターンのうち、より深刻な問題といえる後者のパターン、すなわち国際的な偽造組織に日本の円が狙われるようになったのはなぜか。

ニセ１万円札の発見枚数

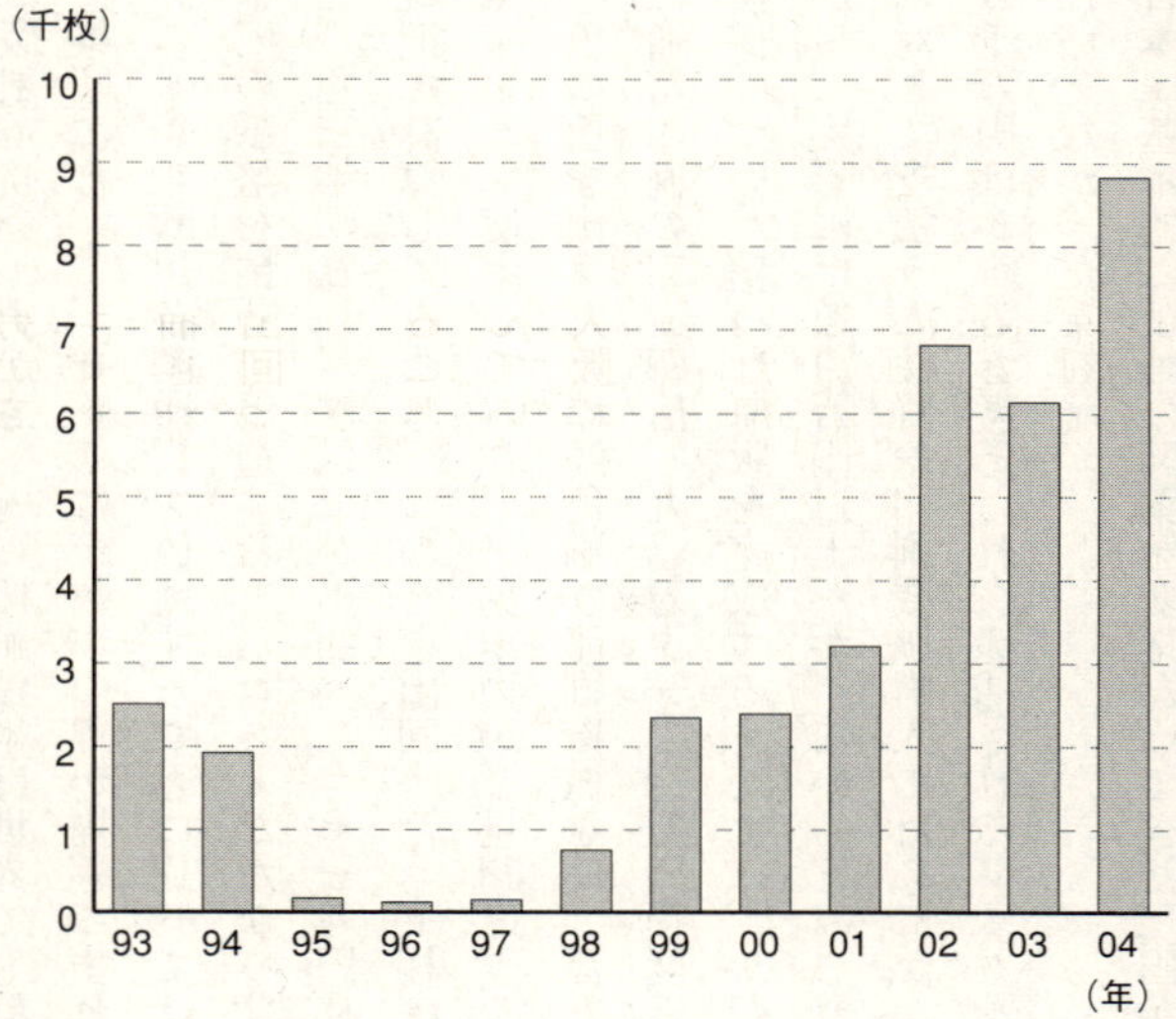

（注）発見枚数は届け出などにより警察が押収した枚数（警察庁資料より作成）

日本が一九八四年に新札を発行したとき、その印刷技術は世界でも群を抜く高水準を誇っていたはずだ。偽造集団にとって、一ミリに十数本の線が描きこまれた日本円の紙幣を偽造することは、米国のドルや欧州各国通貨を偽造することに比べてはるかに困難な作業だったのである。日本円の紙幣を精巧に偽造すると、コストがかかりすぎて採算が合わなくなるといわれていた。九三年に五〇〇枚以上が出回ったニセ一万円札を例にとって、製作にかかる費用を大雑把に計算してみよう。このとき出回ったニセ札は一〇色刷り（本物は一五色刷り）で磁気インクも使用しており、一見本物かと見間違うぐらいのかなり精巧なものであった。一〇色の色を出すために四色刷り印刷機械を使ったとすれば、原版の製作に直接かかる費用は通常印刷の三～四倍、九〇万～一二〇万円程度と想定される。

もちろん、複雑な模様のついた精巧な原版を完成するまでには、かなりの失敗を繰り返しているはずであるから、実際には数百万円以上かかっているとみられる。

これに専門の職人に対して支払う人件費や印刷機械購入のためにかかる設備費などの諸費用を加えれば軽く数千万円はかかると考えられ、逮捕されるリスクを踏まえると、とても採算の合う仕事とはいえなかった。

しかし、その後、日本は基本的に紙幣の図案を変えないできた。円が国際的な偽造集団に狙われるようになった背景には、このことが少なからず影響しているのではないか。

同じ紙幣が長期間にわたって流通していれば、偽造集団に偽造技術研究の余地を与えることになる。しかもこの間、技術進歩のおかげでニセ札づくりのコストは急低下している。急速なパソコンの普及により、精巧なカラー印刷を非常に安くできるようになったためだ。お札の画像をスキャナーで取り込みパソコンのソフトウエアで編集、それをプリンタで印刷するという手口で素人でも簡単に一万円札のそっくりさんを作ることができる。

すでに、すべてのカラーコピー機にはお札をコピーすると、真っ黒になる偽造防止機能が取り付けられているが、パソコンの場合には、まだこうしたニセ札づくりを防止する機能がついていないものが多い。

ニセ札が増加するなか、財務省・日本銀行・警察庁も将来のニセ札の増加に危機感を抱くようになり、それが二〇〇四年一一月の新札発行に結びついたと考えられる。

もしかすると、あなたの財布に入っている一万円札や五〇〇〇円札もそっくりさんかもしれませんよ。

▼衛星放送まで利用、ハイテク潜行化が進むノミ屋

競馬、競輪、競艇といった公営ギャンブルに寄生するノミ屋。ノミ行為とは、公営ギャンブルの主催者である国や地方自治体になり代わって、馬券や車券、舟券の投票受付を競技場の内外で行う（胴元になる）ことをさす。もちろん、これは競馬法などで禁止された違法行為である。

レース運営や施設の維持は国や地方にまかせておいて、利益だけはもっていってしまうのだから公営ギャンブルの主催者側にとってみれば、たまったものではない。

ノミ屋に客が集まってくる主な理由としては、次の三点が挙げられる。

まず第一に、最大の理由として挙げられるのは公営ギャンブルの控除率（テラ銭の割合）が高すぎることである。日本の公営ギャンブルの控除率は二五％だが、ノミの場合は一〇～一五％程度とずっと低くなっている。

第二に、競技場や場外馬券売場までの距離が遠いケースでは、正規の窓口に買いに出かけるよりも、場外のノミ屋を利用したほうが便利となる。たとえば、横浜市内に在住する競馬・競輪ファンは、となりの川崎競輪であれば直接競技場まで行って正規の投票券を買い求めるが、千葉の中山《なかやま》競馬や埼玉の西武園《せいぶえん》競輪では距離が遠くなってしまうので投票窓口には行かずに、ノミ屋を利用するといった具合だ。

第三に、ツケが利《き》くことである。ノミ屋では、当座の現金がなくても、レースに参加することが可能で、後で一括《いっかつ》して決済することができる。

一昔前には、ノミ屋の商売は大繁盛で、胴元の一日の売上高が五〇〇万～一〇〇〇万円近くになることもあった。

この売上高のおよそ三割が胴元の収益となっていたと考えられる。一説には、公営ギャンブルの売上高の一割はノミ屋の収入になっていたともいわれる。この説が正しいとすれば、八九年における公営ギャンブルの売上高は七兆一五一〇億円であったから、ノミ屋の収入は七一五一億円にも上っていたことになる。また、ノミ屋の内訳については、およそ七割が競馬、二割が競輪、残りの一割が競艇とされる。

しかし、九〇年代以降は、警察の取り締まりの強化や公営ギャンブル主催者側の排除運動の活発化により、ノミ行為を資金源とする暴力団関係者の競技場への入場が阻止され、競技場内でメモや現金の受け渡しを行うノミ屋の姿はほとんど姿を消すようになった。実際、警察庁の資料によると、公営競技場でのノミ行為の検挙件数はずっと減少傾向をたどっている。

検挙件数の推移から判断すると、ノミ行為は衰退しているようにみえるが、その裏で衛星放送を使った場外でのノミ行為が活発化するなど手口が巧妙化しており、取り締まりをするのが難しくなっているというのが実情のようだ。

最近では、喫茶店やお好み焼き屋といった飲食店やマンションの一室を胴元が占拠し、インターネットや携帯電話を利用して連絡をとるケースが増えているという。

たとえば、ある胴元はマージャン店に設置したケーブルテレビで競馬中継を放映し、これをもとにして、サラリーマンなどから投票の受け付けを行っていた。また、インターネット上で馬券の投票を代行するとうたったホームページもたくさん現れている。

警察側もレースの時間に電話回数が多くなっているマンションを徹底的に調べるなど対策を強化しているが、ノミ行為の潜行化は進むいっぽうだ。

ノミ行為検挙人員

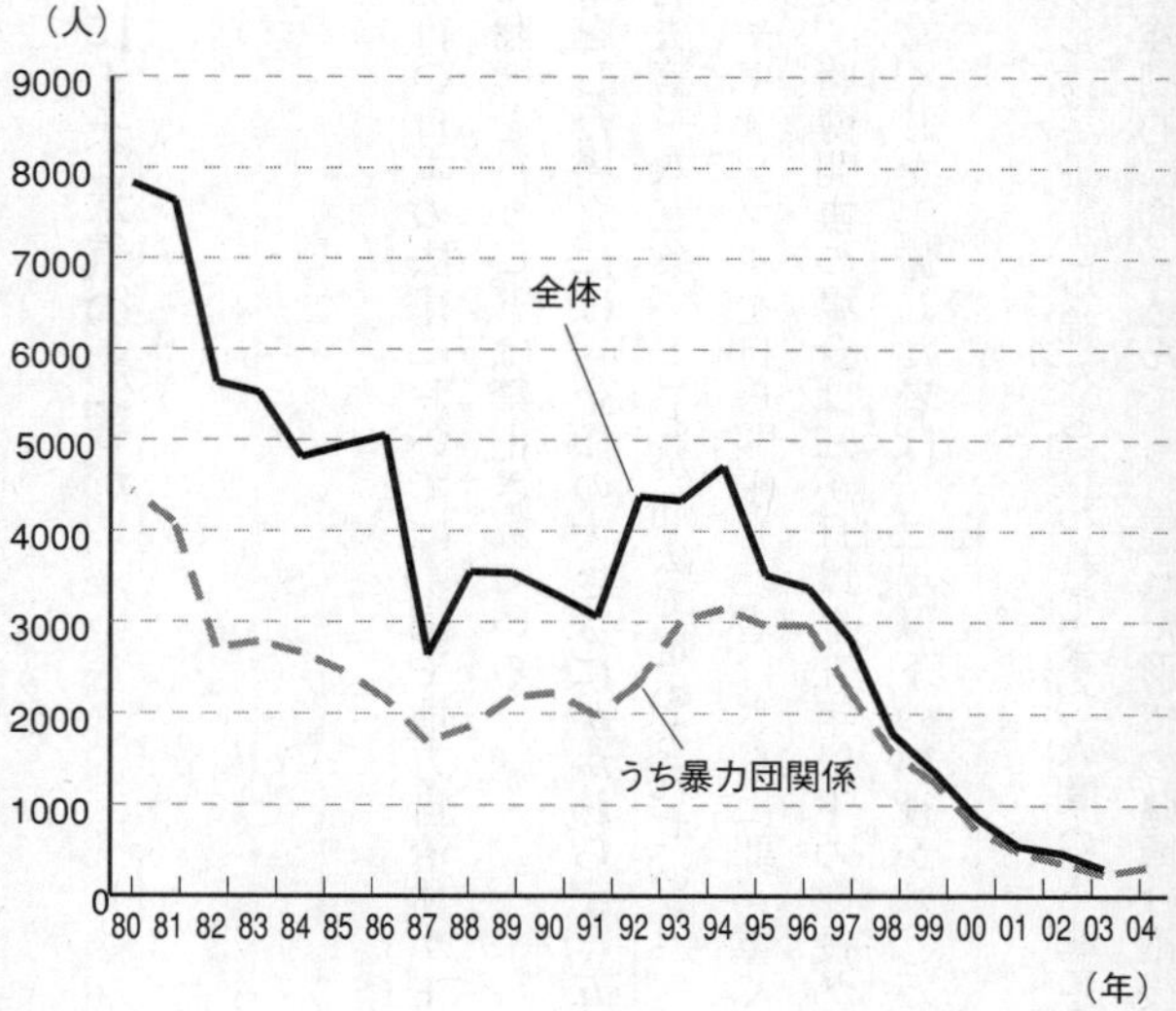

（警察庁資料より作成）

▼違法ギャンブルにも不景気の影響が

ご承知のとおり、現行の日本の法律においては、国や地方自治体が主催する公営ギャンブルを除いて、民間で賭博を行うことは禁止されている。

お金を賭けて賭け事をした場合には、金額の大きさにかかわらず「五〇万円以下の罰金または科料とする（刑法第一八五条）」ことが刑法で定められている。

ギャンブルの常習者やギャンブルを自ら開帳した者はさらに罪が重くなり、常習賭博の場合は三年以下の懲役、賭博開帳の場合は三か月以上五年以下の懲役が科される。

また、これとは別に富くじを実施した者は、二年以下の懲役か六〇万円以下の罰金が科される。

とはいえ、ギャンブルは古来から綿々《めんめん》と行われてきた人間の本能にも似た営みであって、それを法律の力で強制的に抑え込んでも、隠れた形での賭博は雨後のたけのこのように次々に現れてくる。実際、ノミ行為やカジノバーなどによる違法な賭博が日本のいたるところで行われていることは周知の事実である。

気心の知れた仲間同士で行う賭け麻雀なども含めれば、違法ギャンブルをしたことのない人のほうが少ないのではないか？

全国各地の主要都市には、たくさんのカジノ（賭博場）があるが、そのなかにはモグリで営業を行っている店や、表向きは合法なカジノ店であっても陰でこっそりゲーム後に残ったチップを換金している店がたくさんある。こうした違法カジノ店は、会員制にして客を選別したり、「シキテン」と呼ばれる見張り役をたてたり、あるいは入り口のドアにモニターを設置して入室者を厳しくチェックするなど、警察の取り締まりを巧妙に潜り抜けて営業を行っている。違法カジノ店は東京都内だけでも一〇〇軒以上存在しているとみられる。

警察庁の資料では、二〇〇四年に違法カジノで押収された賭け金は二億九〇〇〇万円に上る。

では、こうした違法ギャンブルのマーケットはどれぐらいの大きさになるのであろうか。大雑把な見当をつけてみよう。日本の違法ギャンブルは、カジノ店を中心に暴力団が関与していることが多いので、ここでは違法ギャンブルを暴力団が関与している部分とそれ以外の民間部門に分けて規模の推計を行ってみた。

暴力団の違法ギャンブルについては、八九年の警察庁の推計値二二〇〇億円を基準値として、暴力団関係者のうち賭博で検挙された人数の伸び率、および消費者物価の上昇を加味して延長推計した。また、暴力団以外の民間違法ギャンブル市場の推計は次の要領で行った。

すなわち、①暴力団人員と暴力団関係以外の者が行う違法賭博は内容的にあまり異ならない、②賭博犯の検挙率は暴力団であるか否《いな》かを問わずほぼ一定であると仮定したうえで、賭博犯で検挙された人員を暴力団人員と暴力団関係以外の者に分け、両者の比がおおむね違法賭博の市場規模についてもあてはまるものと考える。

すでに暴力団の違法賭博収入を求めているので、これに暴力団の検挙人員と暴力団以外の検挙人員の比を掛けて暴力団以外の違法賭博の市場規模を算出した。

推計結果は次のページの図表に示したとおりである。

暴力団と他の民間部門を合計した違法賭博の市場規模は八〇年代後半に急拡大し、ピークの八七年には六五四九億円となった。しかし、九〇年代に入ってからは警察の取り締ま

違法賭博の市場規模

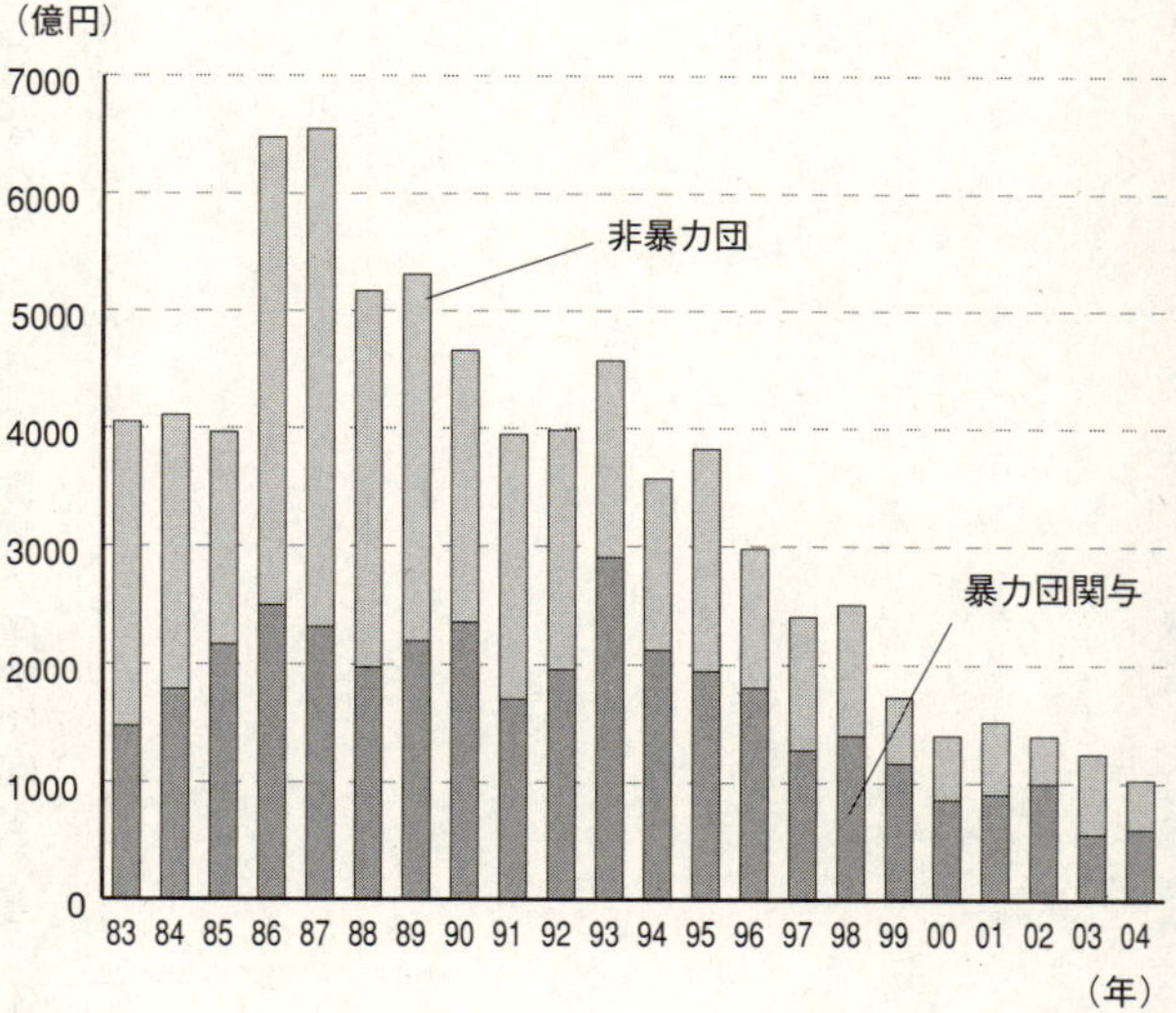

（各種資料より筆者推計）

りが厳しくなってきたことなどから、ほぼ一貫して減少傾向をたどっており、直近の二〇〇四年には一〇二八億円まで縮小した。

▼空き巣の手口は焼き破りが主流に

近年、全国で空き巣による被害が急増している。警察に届けられた被害件数は九〇年代末から大幅に増加、二〇〇四年も二九万五九五件の高水準を記録した。侵入の手口は年々多様化・高度化している。一昔前の泥棒は、戸締りをしていない窓やドアから侵入するというのが一般的であった。しかし、最近の泥棒は、戸締りをしている家であっても平気で侵入する。

二〇〇〇年に急増したのがこんなパターンだ。主婦のA子さんは、夕方、買い物をするため、いつものように近くのスーパーに出かけた。三〇分後、家に戻ってみると、閉めたはずの玄関のカギが開いている。「おかしいな」と思いながら、リビングルームに入ると部屋中引っかきまわした形跡がある。あわててタンスのなかを調べたところ、隠しておいた現金五〇万円が盗まれていた。

これは、留守中の一般家庭を狙った典型的なピッキング盗の手口である。ピッキングというのは、特殊な金属製の工具をカギ穴に差し込み、カギを壊さずに開ける技術のこと。訓練によってこの技術を身につければ、解錠しやすいタイプのカギはわずか一〇秒程度で開けることが可能となる。

ほんの一瞬でカギを開けてしまうので、外からは犯行に気づくことが難しい。ピッキング犯は、中国人が窃盗を行い、換金は日本人が担当するといったように、中国人と日本人が組んで役割分担をしていることが多い。ピッキングに使う道具は自分たちで作り、訓練用のドアノブも持っているという。最も解錠されやすいタイプのカギはディスクシリンダーキー（シリンダーはカギを差し込んで回す部分）。一説には、ディスクシリンダーキーは累計で七〇〇〇万個も生産されたともいわれ、これまで集合住宅を中心として大半の家屋にはこのタイプのカギが使われていた。

最近では、各家庭がピッキングに強いタイプのカギに付け替えるなど防犯体制を強化するようになったことから、ピッキングの被害は沈静化しつつある。とくにピッキングの被害が甚大だった東京都では、二〇〇〇年に被害件数が一万一〇八九件に達したが、二〇〇二年には四三〇六件まで減少した。

侵入盗の被害件数

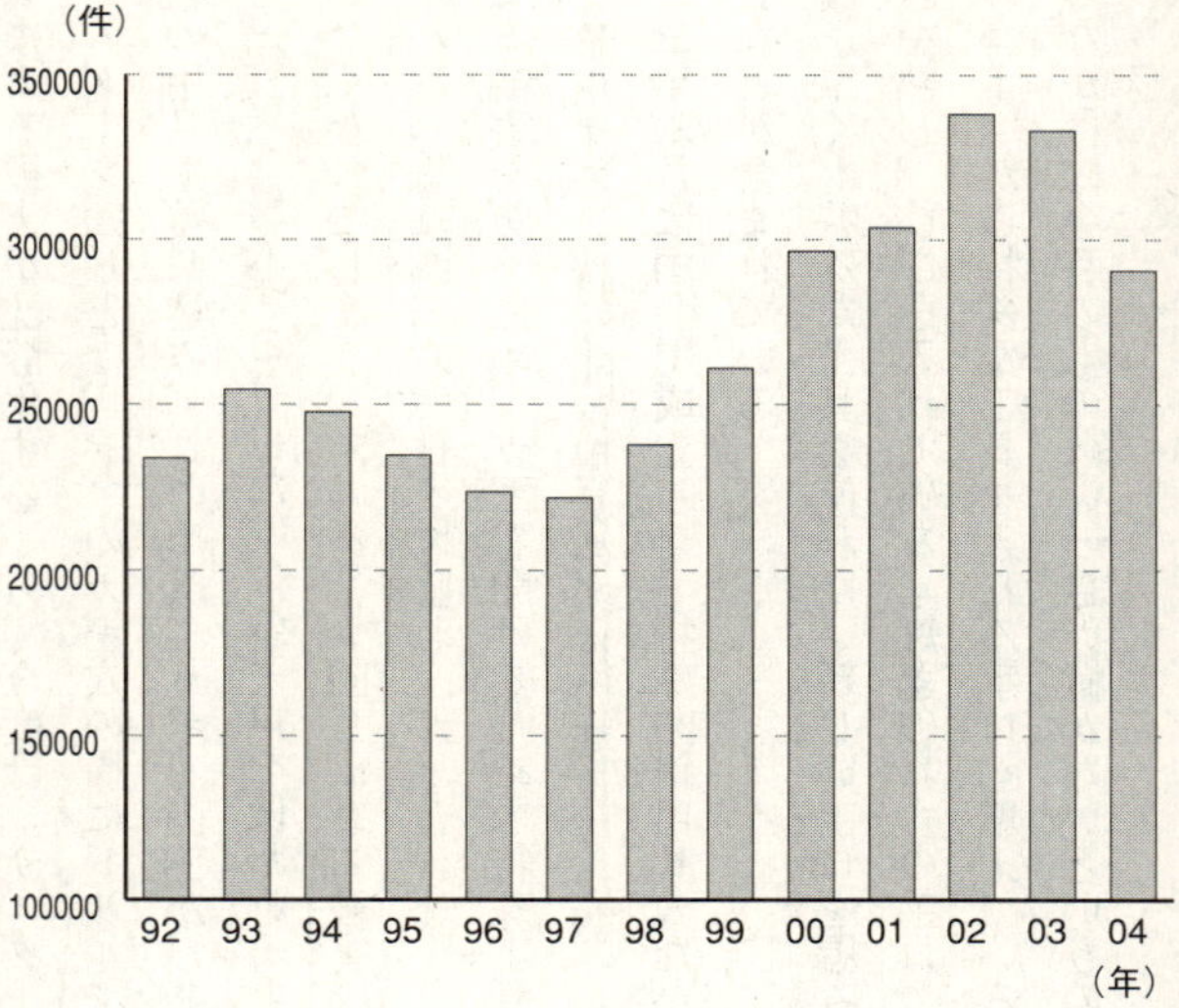

（警察庁資料より作成）

しかし、ピッキングによる被害が沈静化する一方、今度は「サムターン回し」による被害が急増している。サムターン回しとは、ドアのカギ穴の横にドリルで穴をあけて、先が九〇度折れ曲がる棒状の用具を差し込み、この用具でカギを内側から開け閉めするつまみ（サムターン）を回して解錠、侵入する手口だ。この手口を使われると、ドアにピッキング対策をしても意味がなくなってしまう。サムターン回しによる被害は、二〇〇二年の八四〇件から二〇〇三年には一気に四三六六件まで膨れ上がった。

こうした空き巣による被害を防ぐため、カギを開けるための特殊工具を正当な理由がないのに所有することを禁止する「特殊開錠用具の所持の禁止等に関する法律」（ピッキング防止法）が、二〇〇三年六月に国会で成立した。特殊開錠用具のなかには、ピッキング用具やサムターン回しなどが含まれている。

しかし、泥棒たちは、早くも特殊な工具を使わない新しい手口を編み出したようだ。ライターなどで窓ガラスを熱し、ひびを入れて破る「焼き破り」の手口で、埼玉県などで被害が急増、またドアスコープから特殊な工具を入れる手口も増えている。

結局のところ、家のなかには金目のものはいっさい置かないというのが、一番の空き巣対策なのかもしれない。

▼ひったくりの被害は女性、金額は四二・七億円

閑静な住宅街に住む主婦のB子さんは、ある日デパートへ買い物に出かけた。帰路につく頃には日が暮れて辺りは真っ暗になっていた。夜、一人で歩くのは怖いと思いながら、自宅に向かう途中の人通りの少ない道を歩いていると、背後からバイクが近づいてきた。B子さんがバイクをよけようと道の脇に歩みよったその瞬間、バイクに乗った二人組の少年が追いぬきざまにB子さんのハンドバッグを奪っていった。B子さんは買い物した商品と財布をすべて失い、その場にへたりこんでしまった。

近年、こんなひったくり事件が全国で急増している。二〇〇四年におけるひったくりの被害は三万九三九九件と、九四年（一万八五六三件）の二・一倍にまで増加した。頻発するひったくり事件には次のような特徴がある。

まず、第一に事件が発生するのは午後六時から午前〇時の時間帯に集中している。

第二に、事件が発生する場所は住宅街の狭い一本道の道路が多い。

第三に、狙われるのは高齢者や女性が圧倒的に多い。実際、二〇〇四年においてひったくり被害にあった人の年齢構成をみると過半数が五〇歳以上であり、性別に分けてみると九四・〇%が女性となっている。第四に犯人は自転車やオートバイ、自動車といった乗り物を利用する。そして第五に、未成年者による犯行が圧倒的に多い。実際、二〇〇四年にひったくりで検挙された者の六割は未成年者である。ひったくりをする少年はゲーム感覚で犯行を重ねており、悪いことをしたという意識はほとんど持っていない。ひったくりの手口は年々巧妙化・凶悪化しており、最近では数人のグループをつくって、事前に計画を立てたうえ、見張り役、バイクを運転する役、持ち物を奪う役といったように役割分担をして組織的に犯行を繰り返している。

冒頭に挙げたB子さんの例では、これら五つの特徴がすべてそろっていたというわけだ。被害者は金品を奪われるだけでなく、ひったくりの際に転倒し、けがを負ったり、場合によっては死亡することもある。二〇〇三年一一月には、神奈川県横浜市青葉《あおば》区の路上で、少年二人（一五歳と一七歳）にバッグを奪われた女性（五六歳）が転倒、脳損傷により死亡するという事件が起きた。また、二〇〇四年三月には、大阪の少年（一六歳）が高

ひったくりの被害件数

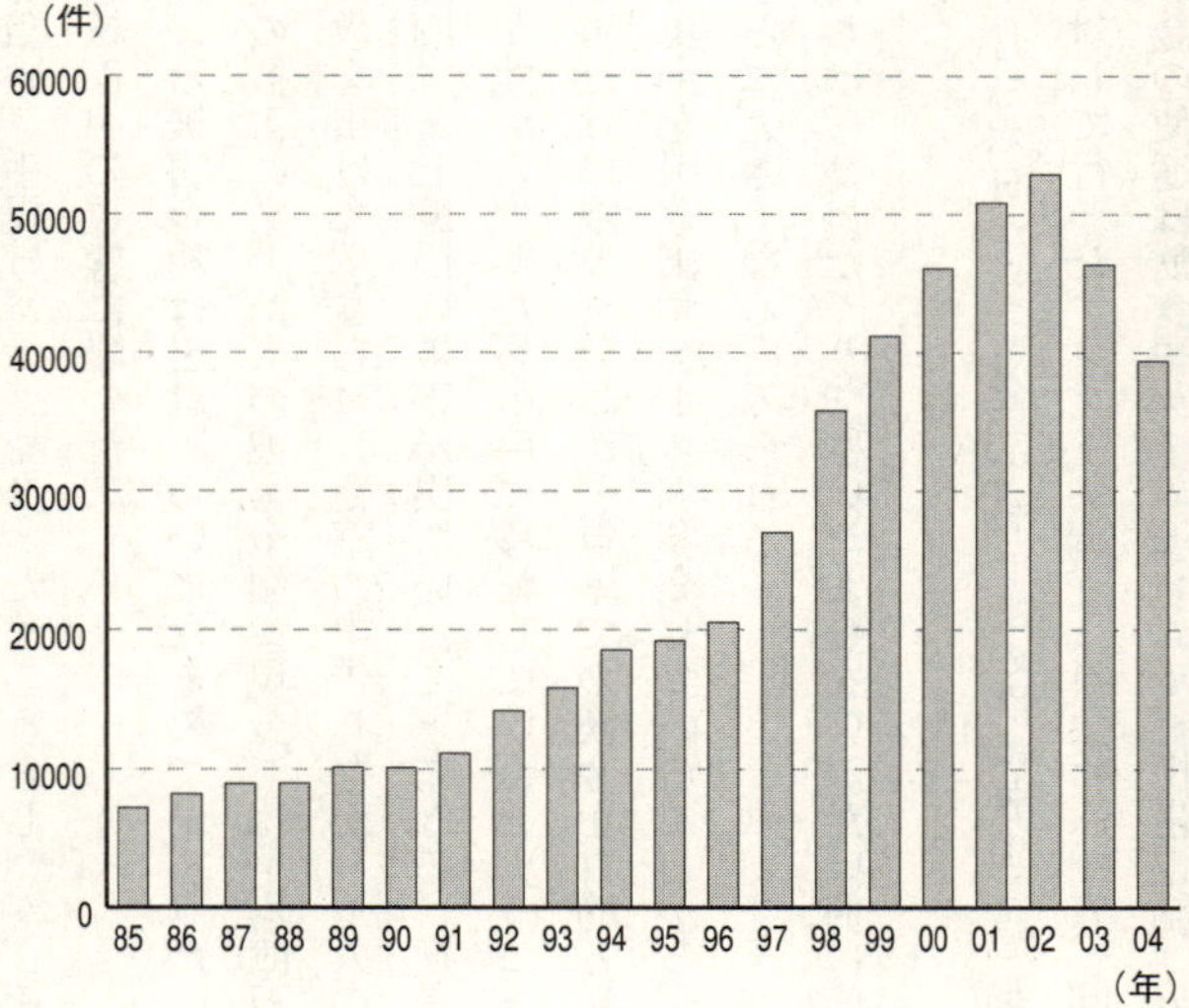

（警察庁資料より作成）

齢の女性（八二歳）を狙い、手提げバッグをひったくろうとしたが、その際、女性が転倒して頭蓋骨を骨折、意識不明の重態に陥った。

では、ひったくりによる被害金額はどれぐらいになるのであろうか。大雑把な計算をしてみよう。非侵入窃盗の被害にあった人の被害金額（現金）は平均四万七〇〇〇円。これにひったくりの認知件数を掛けて、さらに、警察に申告しなかった人の分を考慮してやると、二〇〇四年は総額四二・七億円の被害が出ていたことになる。換言すれば、四二・七億円ものお金が老人、女性から少年たちの手に移転していたということだ。

この試算は現金の被害だけに限っているが、質屋での換金を目的としてブランドバッグを奪ったり、カードで現金を引き出すケースも多発していることから、これらを含めれば実質的な被害金額はさらに大きくなるとみられる。

ところで未成年者たちは、ひったくりで稼いだお金をいったい何に使っているのだろうか。

警察が二〇〇一年二月二六日から三月二七日までの間に強盗、恐喝《きょうかつ》、ひったくりで検挙した未成年者たちに対して行ったアンケート調査（対象六八四人、回答数三七一人）によれば、最近使ったお金の使途は飲食やゲームセンター、携帯電話、カラオケとなっており、ひったくりで稼いだお金のほとんどは未成年者たちの遊びで消えてしまっているとみられる。そのほか、先輩・不良グループ、暴走族等に上納しているという例もある。

▼路上強盗の主流は「オヤジ狩り」から「オタク狩り」に

一九九五年頃から、少年たちによる悪質な「オヤジ狩り」が頻繁に発生するようになった。「オヤジ狩り」とは、通行中のサラリーマンや高齢者などを集団で襲い、脅しや暴力を使って、無理矢理、お金を奪い取る行為を指す。何も有意義なことをせずに遊びほうけている少年が、お金が欲しいなどといったごく単純な動機から、一家を支えようとまじめに一生懸命働くサラリーマンを残忍な手口で襲撃し、金品を奪う。何とも理不尽な世界である。

「オヤジ狩り」は、犯罪統計のうえでは「路上強盗」に含まれる。警察庁の資料をみると、少年による「路上強盗」の件数は増加傾向にあり、二〇〇四年中に検挙された少年の数は七六四人となった。

近年では、①不況のあおりでサラリーマンの懐《ふところ》具合が寂しくなってきたこと、②スポーツジムに通って肉体を鋼《はがね》のように鍛え上げ、捨て身で抵抗してくる手ごわいサラリーマンも少なくないこと、などから「オヤジ狩り」だけではなく、「デリー狩り」や「オタク狩り」といった新たなタイプの路上強盗も出てきている。いずれも、抵抗される危険が低く、高い確率である程度の現金を持っていると見込める相手を狙った犯行だ。

「デリー狩り」というのは、ピザの配達員などを襲って、客から集金したお金を奪い取るという手口だ。高校生ら四人が、すしを配達する途中の店員を襲撃するという事件も起きている。高校生らはお腹が減ったという単純な理由で、店員の顔を数回殴り、集金した現金約五万円と配達用のすしをオケごと奪った。

一方、「オタク狩り」は、秋葉原や新宿といった電気街にパソコンやゲームソフトなどを買いにきた若者を襲撃し、その購入資金を奪うという手口。二〇〇二年一月には、埼玉県の無職少年三人が、秋葉原に買い物にきた男性（二三歳）を殴り、お金を奪おうとしたところを逮捕された。彼らは、秋葉原にくる買い物客ならたくさんのお金を持っているはずと考え、JR秋葉原駅周辺で、気の弱そうな若者を繰り返し狙ったという。電脳系のオタクは、内向的でオヤジに比べるとあまり抵抗しないため、ターゲットにされやすくなっている。

また、二〇〇四年一月には、書店やレンタルビデオ店から出てきた気の弱そうな少年ばかりを狙って「オタク狩り」を繰り返していた中学三年の少年二人が逮捕された。ある高校生は、レンタルビデオ店から出てきたところを、この少年二人に襲われた。その店の駐車場に連れ込まれ、ナイフで脅され、現金一〇〇〇円を奪われたという。少年たちは、警察の調べに対して「お小遣いが欲しくてやった」と答えた。

このほか、人気のスニーカーを狙った「エアマックス狩り」(一九九六年に流行)、人気ゲームを狙った「たまごっち狩り」(九七年に流行)、さらには高級腕時計を狙う「ロレックス狩り」(九九年に流行)など、少年グループが、特定の人気・流行商品にターゲットを絞り、それらの所有者を手当たり次第「狩り」する事件も多発している。

流行を追いかける人は、少年たちに襲われないよう注意しなくてはならない。

オヤジ狩りなどで検挙された少年の数

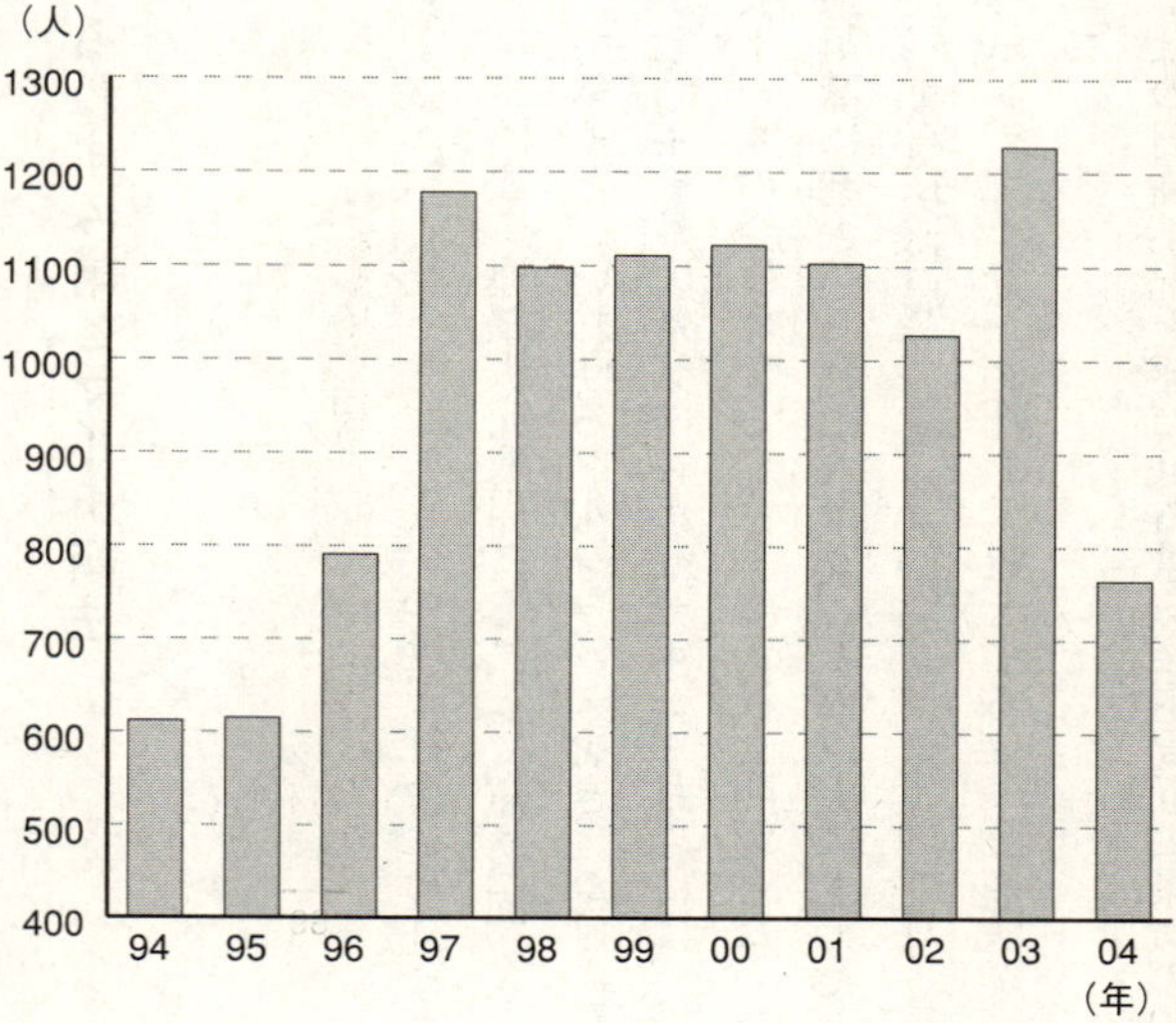

（警察庁資料より作成）

▼不況期に増加するねずみ講とマルチ商法

景気が低迷しているときに、必ずといっていいほど社会に蔓延《まんえん》するのが、「ねずみ講《こう》（無限連鎖講）」や「マルチ商法（連鎖販売取引）」といった悪質商法である。

過去の例を振り返ってみると、いわゆるドルショックをきっかけに景気後退局面に入った七一年（景気の山が七〇年七月、景気の谷が七一年一二月）には、九州熊本の第一相互経済研究所が操る「天下一家《てんかいっか》の会」によるねずみ講が社会問題となった。

このとき、ねずみ講組織に巻き込まれた人は七〇万人以上に上ったといわれる。また、第一次石油ショック後の景気後退局面（景気の山が七三年一一月、景気の谷が七五年三月）では、アメリカのホリディマジック社を元祖とするマルチ商法がブームとなった（第一次マルチ商法ブーム）。

さらに、八〇年代半ばの円高不況と呼ばれる景気後退局面（景気の山が八五年六月、景気の谷が八六年一一月）には、ベルギーダイヤモンド事件に代表される第二次マルチ商法ブームがおとずれた。

そして、バブル崩壊後、九四年頃から第三次マルチ商法ブームに入ったといわれている。近年では、景気の低迷が長期化するなか、消費者相談の窓口である国民生活センターに寄せられたマルチ商法などに関する相談件数がうなぎのぼりに増加しており、九五年度に五八五四件であったものが、二〇〇四年度には一万九七二二件まで膨らんだ。

こうした悪徳商法が不況期に流行《はや》る理由としては、次のようなことが考えられる。すなわち、景気が悪化すると、人々の所得が減少するうえ、株価の低迷、金利の低下などから有利な資産運用手段も少なくなる。このため景気のいい時には、見向きもしなかったような怪しい商売にとびつく人が現れ、悪質商法にだまされてしまうのだ。

では、ねずみ講やマルチ商法とはいったい、どういう仕組みになっているのであろうか。それぞれの運営原理と特徴を整理してみよう。

まず、ねずみ講は、親会員が数名の子会員を勧誘、一定の金品を支払わせて組織に加入させる。さらに、それぞれの子会員は孫会員を勧誘、一定の金品を支払わせて組織に加入させる。このようにねずみ講は後から加入した者が支出する金品を、先に加入した者が受け取りながら、ネズミ算式に会員を増やしていくという仕組みになっている。

しかし、当然のことながら、ねずみ講は、会員が無限に増えていくことを前提としなければ成り立たないため、最終的にはどこかで行き詰まり、大半の人は結局損をすることになってしまう。

単純に計算しても、一人が二人、二人が四人と二倍のペースで加入者が増えていくと、二八代目には日本の人口を超えることになる。

こうしたことから、ネズミ講による資金集めや加入、勧誘は一九七八年に成立した「無限連鎖講の防止に関する法律」で禁止され、違反した場合には罰金や懲役刑が科されることとなった。

一方、マルチ商法は、商品の販売業者とその商品を再販売する者が、消費者を次々に再販売組織に組み込んでいき、組織をピラミッド型式に拡大させていく商法を指す。

販売員に組み込まれた消費者は、勧誘の実績に応じて利益（マージン）を受け取ることになるが、実際には不必要な商品を大量に抱え込んでしまったり、無理矢理知人を勧誘して人間関係が壊れるなど、さまざまな問題が生じることが多い。

ねずみ講は組織を維持することが不可能であるが、マルチ商法の場合は、適切な販売運

急増するマルチ・マルチまがい商法に関する相談件数

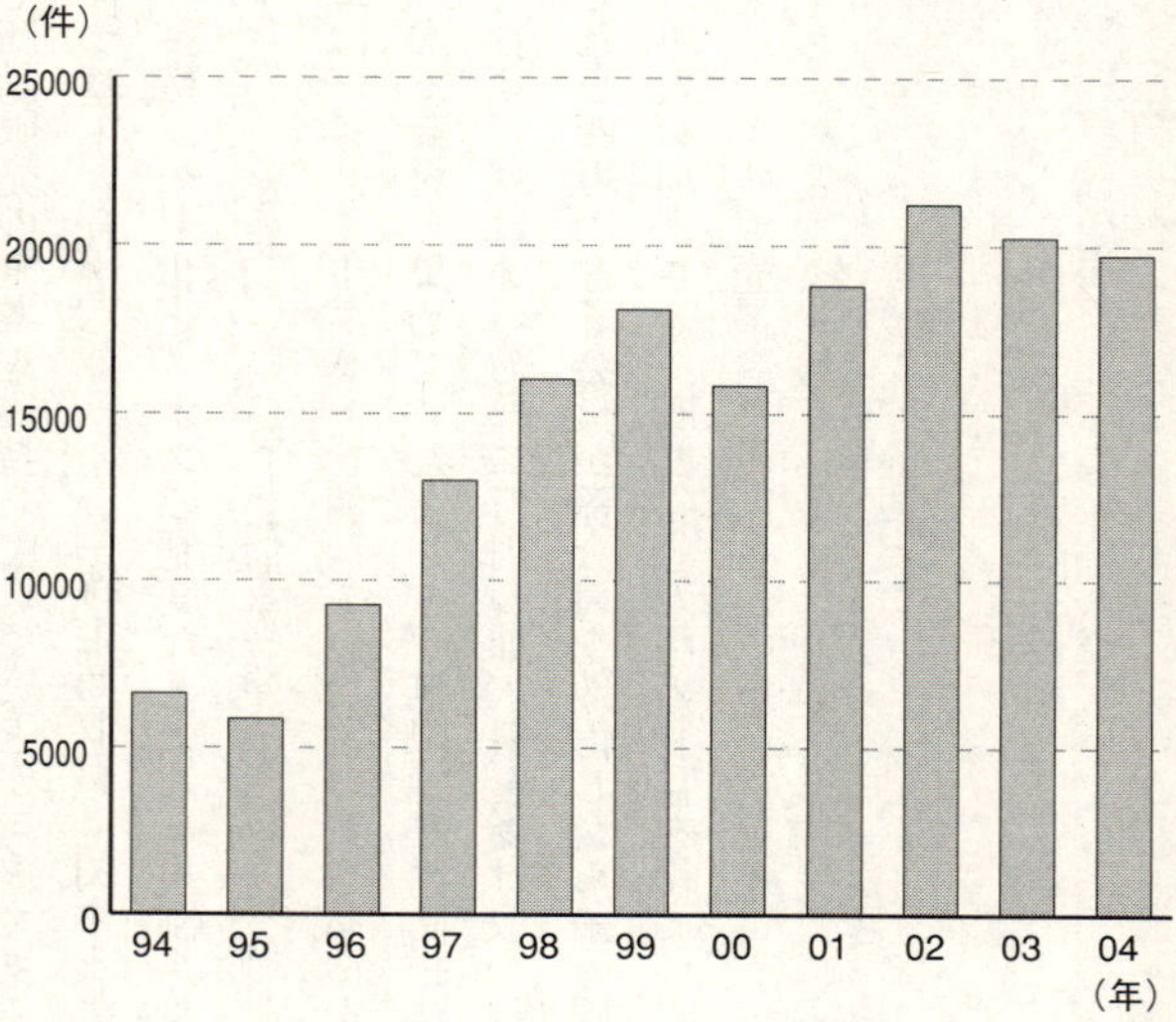

（国民生活センター資料より作成）

営を行っていけば一応商品販売の事業を維持していくことが可能である。このためマルチ商法を行うことは法律で禁止されていないが、「特定商取引に関する法律」によって広告規制、契約書面の交付義務、クーリングオフの制度など厳しい規制が設《もう》けられている。

最近では、インターネットを使ってこうした悪質商法を行う事例が目立つようになった。二〇〇五年六月には、インターネットを使って会員制の野球賭博を行っていたサイト運営者が、ねずみ講方式で会員を集めていたとして、無限連鎖講防止法違反容疑で逮捕された。このサイト運営者は、会員から約一二万円の加入料を受け取ったうえ、その会員が新たに子会員を獲得したら四万円、子会員が孫会員を獲得したら一万円を配当していた。過去一年間で全国七二四人を加入させ、四九〇〇万円の利益を得ていたという。

▼後を絶たない汚職、それでも日本はフランスなみ

汚職とは、政治家や公務員が自己の利益を実現するために公職を乱用することであり、具体的には金品などの賄賂を受け取ったり、横領したりすることを指す。

ロッキード事件（一九七六年）発覚以来、リクルート事件（一九八八年）、東京佐川急便事件（一九九一年）、ゼネコン汚職事件（一九九三年）と、特定の企業や業界と癒着《ゆちゃく》し賄賂を受け取る政治家の汚職事件は枚挙にいとまがない。

私たちの記憶に新しいところでは、鈴木宗男《すずきむねお》元議員の汚職事件がある。鈴木元議員は、九七年から九八年にかけて、北海道開発庁長官の職務に関して、秘書と共謀して建設会社から賄賂を受け取り、工事受注の便宜を図っていた。このときに受け取った現金は六〇〇万円だったという。

またKSD汚職事件（二〇〇一年）もある。公益法人であるKSDは、複数の政治家に

多額の賄賂を配り、大学設置の推進を国会で取り上げてもらうなどの便宜を図ってもらっていた。ＫＳＤから政界に流れた資金の総額は約一七億六〇〇〇万円にも上っている。

政治家のほかにも、国立大学の教授や官公庁職員など公務員の汚職は私たちの身近なところで手を変え品を変え頻繁に起こっている。実際、警察庁の資料によると、二〇〇四年中の贈収賄《ぞうしゅうわい》事件の検挙件数は七二件、収賄者と贈賄者を合わせた検挙人員は一八八人に上り、汚職事件が引き続き高水準で推移していることを裏付けた。

汚職の横行は、国民の政治に対する不信感を高め、最適な資源配分をゆがめるという弊害をもたらす。さらには、政治的安定の揺らぎによって経済成長に深刻な悪影響を及ぼすおそれもある。

それでは、日本の政治のクリーン度は世界のなかでどれぐらいに位置しているのであろうか。汚職の程度を客観的に評価することは非常に難しいが、世界各国における政界の汚職を監視する非政府組織（ＮＰＯ）のトランスペアレンシー・インターナショナルは、毎年「汚職・腐敗指数」と呼ばれる指標を作成・発表している。同指数は世界銀行がまとめる調査報告などを基に、合計一四六か国を対象として過去三年間の汚職の程度をビジネスマン、学者、アナリストなどの評価をもとに数値化したものである。

汚職・腐敗指数の国際比較（2004年）

順位	国名	汚職・腐敗指数
1	フィンランド	9.7
2	ニュージーランド	9.6
3	デンマーク	9.5
	アイスランド	9.5
5	シンガポール	9.3
6	スウェーデン	9.2
7	スイス	9.1
8	ノルウェー	8.9
9	オーストラリア	8.8
10	オランダ	8.7
11	イギリス	8.6
12	カナダ	8.5
13	オーストリア	8.4
	ルクセンブルク	8.4
15	ドイツ	8.2
16	香港	8.0
17	ベルギー	7.5
	アイルランド	7.5
	アメリカ	7.5
20	チリ	7.4
21	バルバドス	7.3
22	フランス	7.1
	スペイン	7.1
24	日本	6.9
	⋮	⋮
42	イタリア	4.8
	⋮	⋮
142	チャド	1.7
	ミャンマー	1.7
144	ナイジェリア	1.6
145	バングラデシュ	1.5
	ハイチ	1.5

（TRANSPARENCY INTERNATIONAL資料より作成）

指数は一から一〇までの値をとり、一〇に近いほど汚職が少ないということになる。最新の二〇〇四年調査によれば、「クリーン度」を一〇点満点で示す同指数で日本は六・九点と一四六か国中二四位。先進諸国のなかではクリーンな国とみなされなかった。

最もクリーンな国はフィンランドで九・七点だった。ベスト・テンを占めるのはデンマーク（三位）やスウェーデン（六位）、ノルウェー（八位）などの北欧諸国で、ベスト二〇までにはイギリス（一一位）やドイツ（一五位）、米国（一七位）など主要先進国が軒並み顔を出しているが、日本はフランスやスペイン（ともに二二位）の次である。マフィアとの癒着で政治家の汚職が多いとされるイタリアは四二位と、先進国のなかでは最も低い部類に属する。

アジア諸国のなかでは政治の透明性が高いシンガポール（五位）や香港（一六位）が上位に食い込んだ。とくに、シンガポールは厳しい汚職防止法を制定するなど汚職を国内から一掃するためのさまざまな方策をとっている。一方、韓国は四七位と従来から指摘される政治と財閥の癒着を裏付ける結果となった。「クリーン度」がとくに低いのは、東南アジアやアフリカなどの発展途上国や旧ソ連を構成していた移行経済国など相対的に貧しい国々で、最下位はバングラデシュとハイチであった。

先進国のなかで政治のクリーン度が低いと評価された日本は、汚職をなくすために、いままで以上に政治の透明性を高め、汚職犯罪の根絶を図るよう努力していくことが必要だろう。

第四章　日本と世界の地下経済

▼タリバンを支えていたアフガニスタンのアヘン

二〇〇一年九月一一日に発生した米同時テロ事件後、米英両国軍はタリバンが実効支配するアフガニスタンへの報復攻撃を開始した。タリバン兵はアフガン各地で戦闘を繰り返したが、米英軍の激しい攻撃を受けて次第に戦況が悪化、結局、タリバン政権は崩壊することとなった。

北部同盟が投降してきたタリバン兵から武器を没収する場面が何度もテレビで放映されていたが、ここでひとつ大きな疑問がわいてくる。すなわち、タリバン兵はなぜあれだけたくさんの武器を保有することができたのだろうか。

七九年のソ連軍の侵攻以来、二〇年余りも戦争に明け暮れ、荒廃しきったアフガニスタンのいったいどこに大量の武器を買いつける購買力があるというのか。アフガニスタンは北朝鮮やエチオピアなどと同様、世界でも最貧国の部類に入る。主力の農業（全国民の九

世界のアヘン生産量

（単位：トン）

	1994	1995	1996	1997	1998	1999	2000	2001	2002	2003	2004
アジア	5,355	4,328	4,234	4,687	4,186	5,633	4,582	1,445	4,368	4,606	4,693
西南アジア	3,544	2,447	2,272	2,828	2,719	4,574	3,284	190	3,405	3,652	4,240
アフガニスタン	3,416	2,335	2,248	2,804	2,693	4,565	3,276	185	3,400	3,600	4,200
パキスタン	128	112	24	24	26	9	8	5	5	52	40
東南アジア	1,721	1,803	1,914	1,829	1,437	1,029	1,260	1,237	949	930	413
ラオス	120	128	140	147	124	124	167	134	112	120	43
ミャンマー	1,583	1,664	1,760	1,676	1,303	895	1,087	1,097	828	810	370
タイ	3	2	5	4	8	8	6	6	9		
ベトナム	15	9	9	2	2	2					
その他のアジア諸国	90	78	48	30	30	30	38	18	14	24	40
ラテンアメリカ	265	124	121	136	160	131	109	151	123	160	157
コロンビア	205	71	67	90	100	88	88	80	76	76	73
メキシコ	60	53	54	46	60	43	21	71	47	84	
全世界	5,620	4,452	4,355	4,823	4,346	5,764	4,691	1,596	4,491	4,766	4,850

アヘン生産地の面積

（単位：ヘクタール）

	1994	1995	1996	1997	1998	1999	2000	2001	2002	2003	2004
アジア	251,593	239,643	247,599	241,264	224,969	206,104	213,552	133,394	173,372	159,700	187,190
西南アジア	77,229	58,850	57,697	59,290	64,624	90,867	82,431	7,819	74,722	82,500	132,500
アフガニスタン	71,470	53,759	56,824	58,416	63,674	90,583	82,171	7,606	74,100	80,000	131,000
パキスタン	5,759	5,091	873	874	950	284	260	213	622	2,500	1,500
東南アジア	168,664	175,768	186,712	179,924	158,295	113,187	128,642	123,075	96,150	74,200	50,800
ラオス	18,520	19,650	21,601	24,082	26,837	22,543	19,052	17,255	14,000	12,000	6,600
ミャンマー	146,600	154,070	163,000	155,150	130,300	89,500	108,700	105,000	81,400	62,200	44,200
タイ	478	168	368	352	716	702	890	820	750		
ベトナム	3,066	1,880	1,743	340	442	442					
その他のアジア諸国	5,700	5,025	3,190	2,050	2,050	2,050	2,479	2,500	2,500	3,000	3,890
ラテンアメリカ	20,886	10,276	10,016	10,584	12,850	10,100	8,400	8,700	6,800	8,900	8,750
コロンビア	15,091	5,226	4,916	6,584	7,350	6,500	6,500	4,300	4,100	4,100	3,950
メキシコ	5,795	5,050	5,100	4,000	5,500	3,600	1,900	4,400	2,700	4,800	
全世界	272,479	249,919	257,615	251,848	237,819	216,204	221,952	142,094	180,172	168,600	195,940

（国際連合資料より作成）

割が農業と牧畜に従事）が壊滅状態にあるこの状況下では、とても外貨を稼ぐことなどできないはずだ。

この矛盾《むじゅん》を解くカギは「地下経済」にある。何を隠そうアフガニスタンは「黄金の三日月地帯」の一角を構成する麻薬生産地なのだ。

「黄金の三日月地帯」とは、アフガニスタン、イラン、パキスタンを結ぶ一帯のことを指し、ミャンマー、タイ、ラオスの国境を結ぶ「黄金の三角地帯」と並び世界有数のアヘンおよびヘロインの生産拠点となっている。

タリバン政権は九六年の首都カブール制圧以降、軍事資金調達のために、アヘンの原料となるケシの栽培、およびヘロインの製造・密売を奨励《しょうれい》してきた。

国際連合の推計によると、アフガニスタンは九九年において四五六五トンのアヘンを生産しており、これは世界全体のアヘン生産量（五七六四トン）の七九％にも及ぶ。アヘンのもとになるケシの栽培は主に北東部のジャララバードで行われている。

ケシから抽出したアヘンは、その後、カブールに運ばれてアヘンとして密売組織に販売されるほか、国内の工場でヘロインに精製したうえで販売されるケースもある。

タリバンは九九年まで農家が収穫したケシの売上高の一～二割を税金として徴収、九九年のケシ栽培に関わる税収は四〇〇〇万ドルを超えたともいわれる。

アヘンやヘロインの半分近くはイランやパキスタンなどの中央アジア諸国に、残りは欧米諸国やロシアに密輸出している。国内においてもカブールやカンダハルなどの都市部でヘロインの密売が行われているという。

しかし、タリバンの最高指導者オマル師は二〇〇〇年七月にこれまでの政策を転換し、「反イスラム的」という理由でケシの栽培を全面的に禁止するようになった。このためヘロインの生産は激減し、二〇〇〇年の生産高は三二七六トン、二〇〇一年はわずか一八五トンまで生産量が縮小した。

もっとも、生産が縮小した後は、再び相当な量に上るアヘンが市場に出回り始めている。貧しい農家の人々は、悪いこととは知っていても、ケシの栽培をしなければ食べていけないのである。この結果、二〇〇四年のアヘン生産量は、四八五〇トンまで拡大した。

▼中国人と韓国人の利用者が多い地下銀行

海外から日本にやってきた不法就労者の多くは、いわゆる「地下銀行」を通じて稼いだお金を本国へ送金している。

警察庁の定義によれば、地下銀行とは、「銀行法上の免許を得ずに送金依頼された金を不正に海外に送金するもの」をいう。利用者は、キャッシュを地下銀行の窓口に持ち込み、自分が送金したい先を申告する。申告を受けた地下銀行側は、利用者に暗証番号を教える。利用者は本国で現金を受け取る者にこの暗証番号を伝え、受領者は暗証番号によって手数料の差し引かれた現金を受け取るという仕組みだ。

外国人の不法就労者や犯罪者などが、正規の銀行ではなく、地下銀行を利用する理由としては次の四点が挙げられる。①手続きが簡単で指紋照合などの身分証明をする必要がない、②迅速《じんそく》にお金を送金することができる（普通の銀行であれば送金するのに丸三日はかかるところを地下銀行では一〜二日程度、緊急の場合には数時間で完了することも可能だ）、③土曜日、日曜日、祭日にも送金することができる、④手数料が安いということである。こうした便利な地下銀行の存在が口コミで広がり外国人の利用者の数は瞬《また》く間に増えていった。

いつ頃から日本国内に地下銀行が出現するようになったのかは定かではないが、少なくとも一九九一年までは、警察はこの地下銀行の存在を認知していなかった。九二年二月に韓国人による地下銀行を大阪府警察が検挙してから、地下銀行の存在が認知されるようになったといわれる。

九二年から二〇〇四年末までに警察が検挙した地下銀行の数は五四に上り、送金総額は累計で約五三一〇億円にも及ぶ。これは東京三菱銀行などの三菱東京フィナンシャル・グループの二〇〇五年三月期の経常利益（五九三三億円）に相当する金額だ。

これまで摘発された地下銀行について、送金先の内訳をみると、五四件中、中国が一八件、韓国が一〇件、タイが九件、フィリピンが四件、ペルーが三件などとなっており、中国人と韓国人の利用者が多い。

利用者が最も多いとされる中国の地下銀行では、主に密航あっせん組織である蛇頭（スネーク・ヘッド)やピッキングなどを使った窃盗犯のアングラマネーなどが本国に送金されているといわれる。

外国人の不法就労や犯罪の増加と歩調を合わせるかのように、二〇〇五年に入ってからも、地下銀行の摘発は相次いでいる。

二〇〇五年八月に摘発された韓国の地下銀行では、一九九九年一一月から二〇〇五年五月までの期間、延べ四五万六三〇〇人、計一〇四七億七六〇〇万円を日本から韓国に不正送金していた(うち円をウォンに換金する際の為替差益で一六億円を荒稼ぎ)。

試みに、外国人不法就労者を対象に実施されたアンケート調査、及び筆者が推定した外国人不法就労者数をもとにマクロの不法就労者の不正送金額を計算してみよう。

不法滞在の外国人を対象に実施されたアンケート調査(「外国人の就労と生活に関する実態調査」二〇〇二年七月実施、一橋《ひとつばし》大学の研究グループによる)によれば、不法就労者の海外への送金額は月平均四万五〇一〇円、年間では五四万一二〇〇円となっている。もっとも、このアンケート調査は、主にミャンマー人(全体の五二%)を対象として実施されたものであり、他の国籍の外国人不法就労者については送金額が不明である。

出身国の所得・生活レベルに応じて外国人不法就労者の母国への送金額は異なってくる

地下銀行の摘発件数

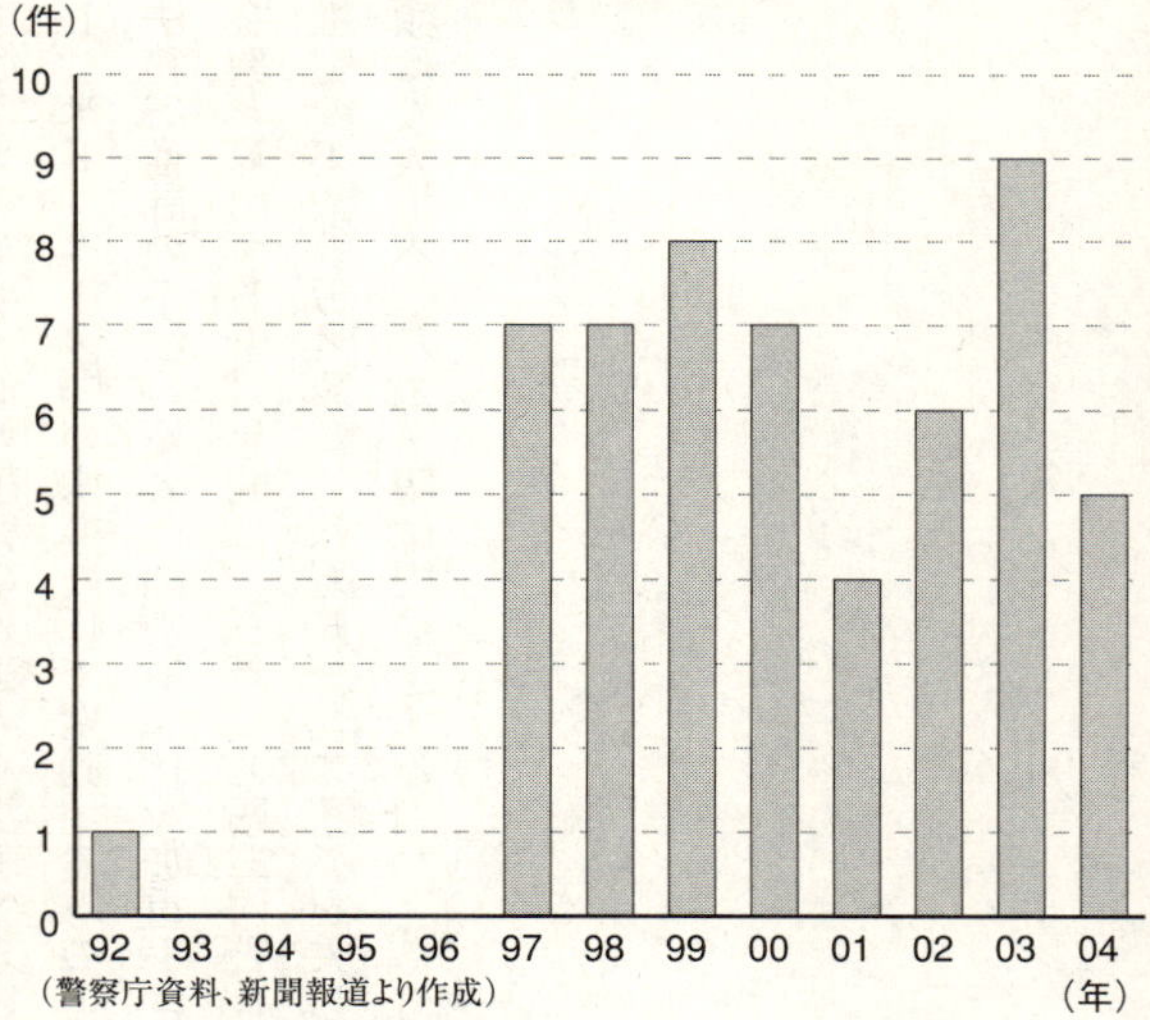

(警察庁資料、新聞報道より作成)

2004年までに摘発された地下銀行の国別構成

	摘発件数(件)	構成比(%)
中国	18	33.3
韓国	10	18.5
タイ	9	16.7
フィリピン	4	7.4
ペルー	3	5.6
台湾	1	1.9
ネパール	2	3.7
ミャンマー	1	1.9
イラン	2	3.7
パキスタン	1	1.9
バングラデシュ	1	1.9
インドネシア	1	1.9
ベトナム	1	1.9
合計	54	100.0

(警察庁資料、新聞報道より作成)

と推測されるため、他の国籍の外国人不法就労者の送金額はミャンマーとの一人あたりGDP（米ドルベース）の水準の比で変動するものと考える。

法務省推計の不法残留者の国別構成比を加重ウエイトとして、平均的な一人あたり不正送金額を算出すると、年間二一三万二七四三円となった。この一人あたり不正送金額に筆者推定の不法就労者数（二八万五一九二人）を乗じると、外国人不法就労者の年間不正送金額は最大で六〇八二・四億円に達する。

▼ゴルゴ13も口座を持つブラック・マネーの隠匿先スイス銀行

脱税や犯罪など地下経済活動によって集められた資金の隠匿《いんとく》先となっているスイス銀行。マンガや映画の世界では、後ろ暗いお金は必ずといっていいほどスイス銀行に預けられる。

人気マンガ「ゴルゴ13」の主人公デューク東郷《とうごう》も、スイス銀行に口座を持っている。現実の世界においても、マフィアや麻薬取引に絡んだブラック・マネーのほか、世界の大物政治家が不正に蓄財した金融資産もその多くがスイス銀行に預けられている。たとえば、ザイール（現在はコンゴ民主共和国）のモブツ元大統領は約七〇億ドル、ルーマニアのチャウシェスク元大統領は約四億ドルの金塊をスイス銀行に預けていたとされる。

フィリピンのマルコス元大統領もスイス銀行に口座を開設し、およそ六億ドルの資金を保有していた。

「スイス銀行」と聞くと、特定の銀行をイメージする人も多いが、ひとつの銀行を指しているわけではない。スイス国内には、中央銀行であるスイス国立銀行のほかに、スイス・バンク・コーポレーション、クレディ・スイス、スイス・ユニオン・バンクなどの大銀行のほか、州立銀行、地方銀行など合計で四〇〇以上の金融機関が存在しており、これらをひとくくりにまとめてスイス銀行と呼んでいる。なお、スイス・バンク・コーポレーションとスイス・ユニオン・バンクは一九九八年に合併した。

では、どうして世界中のブラック・マネーがスイス銀行に集まってくるのであろうか。①スイスが欧州の中央に位置し、地理的条件に恵まれていること、②永世中立国であり政治的に安定していること、③預金利子に対する課税制度がないこと、④金融国として長年培《つちか》った質の高いサービス、商品提供のノウハウがあることなど、さまざまな要因を挙げることができるが、最も重要なのは、⑤秘密保持が徹底していることであろう。

すなわち、スイス連邦政府は銀行員の守秘義務を明確に法制化しており、銀行員が職務上知り得た顧客の情報を外部に漏らした場合には、罰金や禁固刑が科される。そして、この守秘義務は銀行員が退職した後においても適用される。また、銀行が預金者に書類を送付する場合も、差出人の名前や住所は一切記入しないこととなっている。

一九八三年には、銀行の秘密主義について見直しを求める法案が出され、国民投票にかけられたが、「守秘義務は預金者のプライバシーを保護する」という支持意見が根強く、結局、見直し案は否決された（否決となった実際の理由は、秘密主義が見直されることになれば、世界中のブラック・マネーがスイスから流出し、銀行が倒産に追い込まれるという危惧《きぐ》があったためと考えられる）。

しかし、これまでスイス銀行の大きな魅力となっていた秘密主義も曲がり角に立っている。近年、マネー・ロンダリング（資金洗浄）などの問題が深刻化し、犯罪資金の逃避場所となっているスイス銀行に対する世界各国の風当たりが一段と強まってきたからである。「スイス銀行は犯罪に手を貸している」とあからさまに批判する学者も現れている。

このため、スイス政府は一九九八年四月に法改正を行い、資金洗浄規制を強化した。顧客がマネー・ロンダリングなどの容疑をかけられている場合には、内外の司法当局からの情報開示の要請に応じることが義務づけられるとともに、疑いのかかった資金の入出をただちに凍結するように規定した。二〇〇四年には、スイスの検察当局が日本の闇金融組織がマネー・ロンダリングのためにスイスの銀行口座に隠し持っていた資金約五一億円について、自主的に凍結・没収している。

▼イタリアが破綻《はたん》しないのは地下経済のおかげ

イタリアは主要先進諸国のなかで最も大きな地下経済を抱えているといわれる。イタリアの地下経済の大きさを名目ＧＤＰに対する比率でみると、一九七〇～七五年平均では一一・三％程度にとどまっていたが、八六～九〇年平均では二一・三％、二〇〇二～二〇〇三年平均では二六・二％まで拡大した。

表経済が数字上では破綻に近いイタリアが、実際にはそこまで悪くないのは地下経済のおかげといえなくもない。

他の先進諸国と比べてイタリアの地下経済が突出して肥大化している理由のひとつとして、マフィアの暗躍を挙げることができる。映画「ゴッドファーザー」や「ニュー・シネマ・パラダイス」の舞台にもなったシチリア島では、現在五〇〇〇人ほどのマフィア構成員が地下経済活動を行っている。

マフィアは、殺人や脅迫などありとあらゆる犯罪に手を染め、麻薬取引や武器取引などで年間何十億ドルものお金を軽く稼ぎ出している。

イタリアのテレビ・ニュースでは、マシンガンの標的にされて穴だらけになった車や、道端に捨てられた血みどろの死体、散乱した空の薬莢《やっきょう》などの映像が頻繁に放映されるが、これらはいずれもマフィアの仕業だ。

また、マフィアはイタリアの多くの政治家を賄賂で買収しており、南部開発では公共事業費にあてられるはずの政府の莫大な補助金がマフィア関連の事業に流れ込んでいるともいわれる。

マフィアという言葉は「美しい」とか「誇り高い」といった意味を持つシチリア方言に由来しており、もともとはフランスの圧制に対するシチリア人の抵抗勢力のことを意味していた。それがいつのころからか、犯罪組織へと変貌《へんぼう》し、その語源とは全く正反対の活動をするようになったのである。

国民の間で反マフィア感情が高まってきているにもかかわらず、マフィアの勢力がなかなか弱まらないのは、彼らがイタリア政界と癒着しているためだ。

九〇年代に入って政界や財界とマフィアとの癒着を一掃しようとする動きが強まってき

ているが、自分たちに立ち向かってくる反対勢力は徹底的に潰《つぶ》すという恐怖支配が、シチリア・マフィアへ圧力をかけることを難しくしている。

九二年五月には、四〇〇人近くのマフィアを有罪とした判事ファルコーネが殺されている。ファルコーネ判事夫妻は旅行からの帰途、車で高速道路を走行中、マフィアが道路下にしかけた無線爆弾によって木っ端微塵《こっぱみじん》に吹き飛ばされた。ファルコーネのあとを継いだボルセッリーノも爆殺されるなど、これまでマフィアと対決してきた判事や記者、ビジネスマンは次々に暗殺されている。

シチリアのマフィアのほかにも、ナポリでは、たばこや麻薬の密売などで急成長したカモッラと呼ばれる犯罪組織がはびこっている。

また、イタリア半島のかかとにあたるカラブリア地方では誘拐《ゆうかい》などを得意とするウンドランゲタが、プーリア地方ではサクラ・コロンナ・ウニータと呼ばれる犯罪組織が暗躍している。

こうした犯罪組織が貧しいイタリア南部の経済を掌握《しょうあく》しているといっても過言ではないだろう。

▼仕送り年間三〇〇万ドル、タイの地下経済を支える出稼ぎ売春婦

タイは、発展途上国のなかでもとくに大きな地下経済を抱えている。タイ国家経済社会開発委員会（NESDB）の推計によると、地下経済の規模は二〇〇一年時点でGDPの四六％、金額にして二兆三四〇〇億バーツ（約六兆五〇〇〇億円）に達する。地下経済のうち、脱税を除いた非合法所得は、違法賭博、人身売買、武器やディーゼル軽油の密輸などで構成されるが、そのなかで売春産業が二〜三割を占める。先進諸国の場合、非合法所得に占める売春の割合は大きくても一割程度にとどまっているから、タイにおいて売春産業が非合法所得全体に占めるウエイトがいかに大きいかがわかる。

そこで、世界のセックス・センターとまでいわれるタイの売春産業についてその実態を眺めてみよう。

タイの売春産業は、ベトナム戦争の頃から急速に成長し始めた。ベトナム戦争中、首都

バンコクの南にあるパタヤ地域では、アメリカ兵の保養地としてホテルやレストランといった観光業が栄え、それに伴い売春産業も発達していった。パタヤで発達した売春産業はその後、バンコクやチェンマイなどタイ各地に広がり、国の発展を支えるほどの一大産業に成長した。現在ではバンコクが売春の中心地となっており、売春婦の四割はバンコクで活動しているという。

タイにおける日本の厚生労働省にあたる部署が発表した数字によれば、一九九二年時点で七万五三七六人の売春婦がタイ国内で働いていた。一九八二年は四万一五五二人であったから一〇年間で八一・四%も増加したことになる。その後、エイズ流行の影響などから売春婦の数は減少し、一九九七年一月時点の調査では六万四八八六人の売春婦が活動しているという。

しかし、タイ政府のこの推計には、昼間はウエイトレスなどの仕事をしていて夜は売春婦になるといった者は含まれていないため、かなり控えめな数字となっている。実際にはずっと多くの売春婦が働いているとみられ、毎年二〇万〜三〇万人の売春婦がタイ国内で活動しているという報告もある。これらのなかには、ブローカーが人身売買によりミャンマーや中国、ラオスなどから連れてきた女性も含まれている。

売春が違法であるにもかかわらず、これだけ大勢の売春婦が大手を振って活動できるのは、売春宿の経営者が警察に賄賂を渡しているからである。タイ政府も表向きは売春活動を非難しているが、セックス・セクターが重要な外貨獲得手段となっているため、現実には大目に見ているところがある。

形態別に売春婦の数をみると、九二年時点では、通常の売春宿で働く者が全体の二七・六％、マッサージパーラーが一三・八％、ナイトクラブやゴーゴーバーなどが八・七％となっている。また、近年はディスコやパブなどに売春婦が多く集まる傾向がみられる。

売春婦たちが必死の思いで稼いだお金の多くは、農村部で暮らす家族に仕送りされることになる。タイでは、毎年三〇〇万ドル（約三億円）近くのお金が売春婦によって都市部から地方部へ送られるといわれる。また、タイの売春婦を対象に行われたアンケート調査の結果によれば、売春宿で働いている女性の場合、収入の実に三九％を家族への仕送りにあてており、残りの一五％が食事代、一四％が洋服代となっている。

タイの売春婦は農村で働く貧しい家族の生活を支えるためにやむを得ず都市部に出て売春をしているのであり、その点、ブランド品を買うなど遊ぶ金欲しさから援助交際を行っている日本の一部のお気楽女子高生とは一線を画する。

▼二〇万人以上！　高水準で推移する外国人不法就労者

イタリア、スペイン、フランスなどの欧州諸国では不法な形で流入した移民による不法就労が急増しており、これが税収の減少を招くなど深刻な社会問題となっている。

たとえば、イタリアでは五〇万人程度の不法就労者が働いていると推定されており、これが正規の労働者として登録されると税収が五兆六〇〇〇ドルも増えると試算される。

わが国においても、労働力不足が叫ばれたバブル期以降、周辺アジア諸国などから大量の外国人労働者が働き手として流入するようになり、それに伴って外国人の不法入国や不法就労も目立つようになってきた。

では、いったいわが国でどれだけの外国人が不法就労を行っているのだろうか。外国人による不法就労の全容は不透明であるが、ひとつの目安として資格外活動をしたことによって摘発された入管法違反者の推移を眺めてみよう。

資格外活動というのは、観光や親族訪問などと偽って申告して不法就労を行ったり、在留期間を過ぎても日本に残って不法就労を続けることを指す。

一九八五年時点で五六二九人にとどまっていた不法就労者は、バブル期の一九八〇年代後半から急増し、九二年には六万二一六一人に達した。その後も高止まって推移しており、二〇〇四年時点では四万三〇五九人となっている。もちろん、この数字はあくまでも摘発された件数であって、全体の不法就労からみれば氷山の一角にすぎないという点には注意が必要である。摘発された不法就労者の出身地域の分布をみると、中国、フィリピン、韓国、タイ、インドネシアなどアジアの国が圧倒的に多い。

また、不法就労者の就労内容の構成をみると、男性の場合、二九・二％が工場労働者、そして二四・四％が建設業となっている。

一方、女性は、三六・〇％がスナックなどで働くホステスとなっており、また一七・二％が工場労働者として働いている。こうした不法就労者の半数近くは、日額に換算して七〇〇〇円以下の賃金で働いている。

一方、入管法違反者とは別に法務省の入国管理局が外国人の入国と出国の記録を照らし合わせることによって推計した不法残留者の数字がある。

これによると、統計の発表が開始された一九九〇年時点で一〇万六四九七人であった不法残留者は、九〇年代前半にかけて急増し、その後も高水準で推移している。

二〇〇四年時点では二一万九四一八人の不法残留者が国内にいると推計される。ただ、この数字も不法就労者の全体数を捉《とら》えているわけではない。短期滞在で入国したものが、その滞在期間中に不法就労を行うケースがこの推計には入っていないからである。

毎年五〇〇万人近くの外国人が日本に入国していることを考慮すれば、実際の不法就労者はこれよりもさらに多くなると推測される。

日本経済が景気の低迷にあえいでいる九〇年代以降も多数の外国人が依然不法就労を行っている理由としては、①長引く不況で企業経営が苦しくなっていることから、人件費削減の目的で低賃金の外国人労働者を雇おうとする事業主が多いこと、②相対的に高い賃金水準に惹《ひ》きつけられて、日本の若者が嫌がるいわゆる三K（危険、汚い、きつい）単純労働であっても積極的に働こうとする外国人が多いこと、③暴力団をはじめとするブローカーが工場や建設現場などに外国人を単純労働者としてあっせんしていること、などが挙げられよう。

入管法違反で摘発された不法就労者の推移

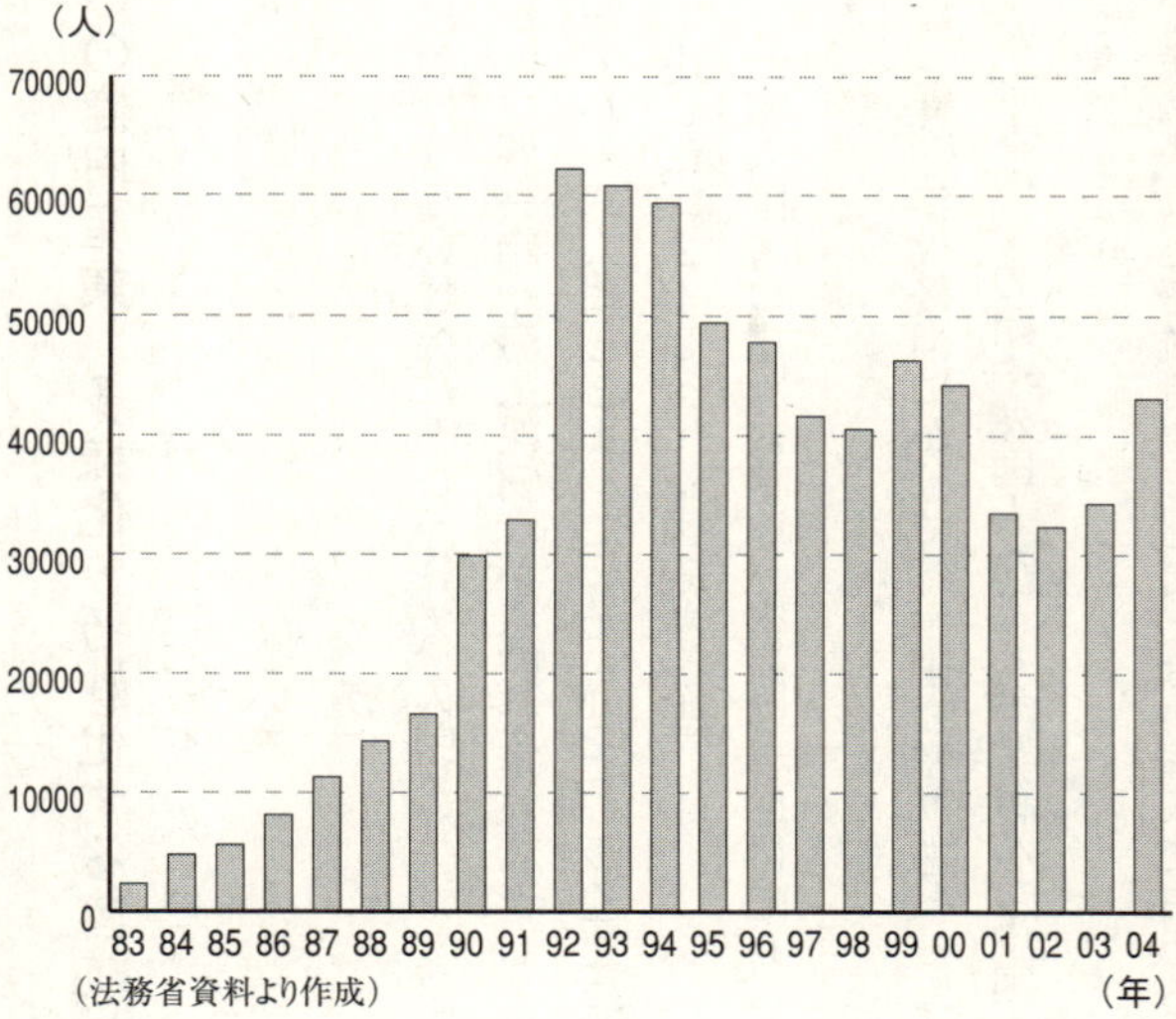

（法務省資料より作成）

不法残留者数の推移

調査時点	不法残留者数（人）	調査時点	不法残留者数（人）
90年7月1日	106,497	98年1月1日	276,810
91年5月1日	159,828	99年1月1日	271,048
92年5月1日	278,892	2000年1月1日	251,697
93年5月1日	298,646	2001年1月1日	232,121
94年5月1日	293,800	2002年1月1日	224,067
95年5月1日	286,704	2003年1月1日	220,552
96年5月1日	284,500	2004年1月1日	219,418
97年1月1日	282,986		

（法務省資料より作成）

▼二〇〇億円産業、多様化・巧妙化する密航ビジネス

日本における高い賃金にあこがれて、周辺のアジア諸国から密入国してくる外国人は後を絶たない。警察庁や海上保安庁が水際で密航者として検挙した外国人数をみると、九〇年にはわずか一八人にとどまっていたが、その後急速に増加、ピークの九七年には一三六〇人まで達した（249ページ図表参照）。

こうした密入国者の増加に伴い、密航の手助けをしてお金を稼ぐ密航ビジネスも拡大傾向にある。

とくに、九〇年代後半にかけては中国の密航あっせん組織である「蛇頭（スネーク・ヘッド）」が日本の暴力団や外国人などと手を組んで中国からの集団密航を手助けするという事件が相次いだ。

実際、検挙された密航者のほとんどは中国人で占められており、二〇〇四年は六三・六

%となった。また、密航のルートも、中国ルートが大半である。

密航業者が密航ビジネスでどれだけ稼いでいるかというと、たとえば、九六年一二月に摘発された密航事件の場合、蛇頭が密航者四十数人から合計一億三〇〇〇万円の報酬を受け取る約束を取りつけ、そのうち日本への受け入れを補助する暴力団が三〇〇〇万円を受け取ることになっていたという。

密航者一人あたりで三〇〇万円程度受け取っているわけだから、これに九六年に密航で検挙された外国人の数を掛けてやれば、警察に見つかった分だけでも、二〇億円程度の稼ぎになっていた計算になる。

その後、蛇頭などに先導された集団密航を抑えるために、日本の警察や中国側が協力して取り締まりを強化した結果、二〇〇四年に水際で検挙された外国人密航者の数は四四人にまで減少した。しかし、この数字から日本への密入国者の数が減ったと判断するのは早計だ。最近では、密航ビジネスが一段と多様化・巧妙化しており、密航を確実に成功させるために、密航船を使って集団密航させるのではなく、小型の貨物船で二〜三人程度を潜伏させたり、偽造パスポートや偽装結婚などを利用して航空機を使って少しずつ出入国させるという手口が増えている。実際、船舶を使った集団密航事件が減少する一方、航空機を使った集団密航事件は足下で急拡大している。

パソコンの普及によって、本物そっくりの偽造パスポートが比較的容易に作れるようになったことや、小遣い稼ぎのつもりで安易に自分の戸籍や名義を貸す日本人が増えてきたことなどがこうした新手の密航の増加に拍車をかけている。

最近検挙された密航ビジネスの事例としては、たとえば、ある暴力団構成員は中国人が日本人名義の偽造パスポートを取得するのを仲介して謝礼を受け取っていた。

また、中国人ブローカーと日本人ブローカーが手を組んで、中国人八人の偽装結婚を手助けしていた例もある。さらに、ある暴力団幹部はいくらかの謝礼を払って国内の男性を中国に送り、現地で中国人女性と偽装結婚させて、中国人女性を日本人男性の妻として入国させていた。この暴力団幹部は謝礼として中国人から一〇〇〇万円以上のお金を受け取っていたという。

こうしたことから、水際における検挙数が減っても、実態としてはかなりの数の外国人が依然日本へ密入国していると考えられる。

二〇〇四年の密航ビジネスの市場規模は各種資料から推計した密航者数二万八五三五人×密航者一人が支払う暴力団への成功報酬七〇万円＝一九九・七億円程度ということにな

集団密航事件（検挙人員）の推移

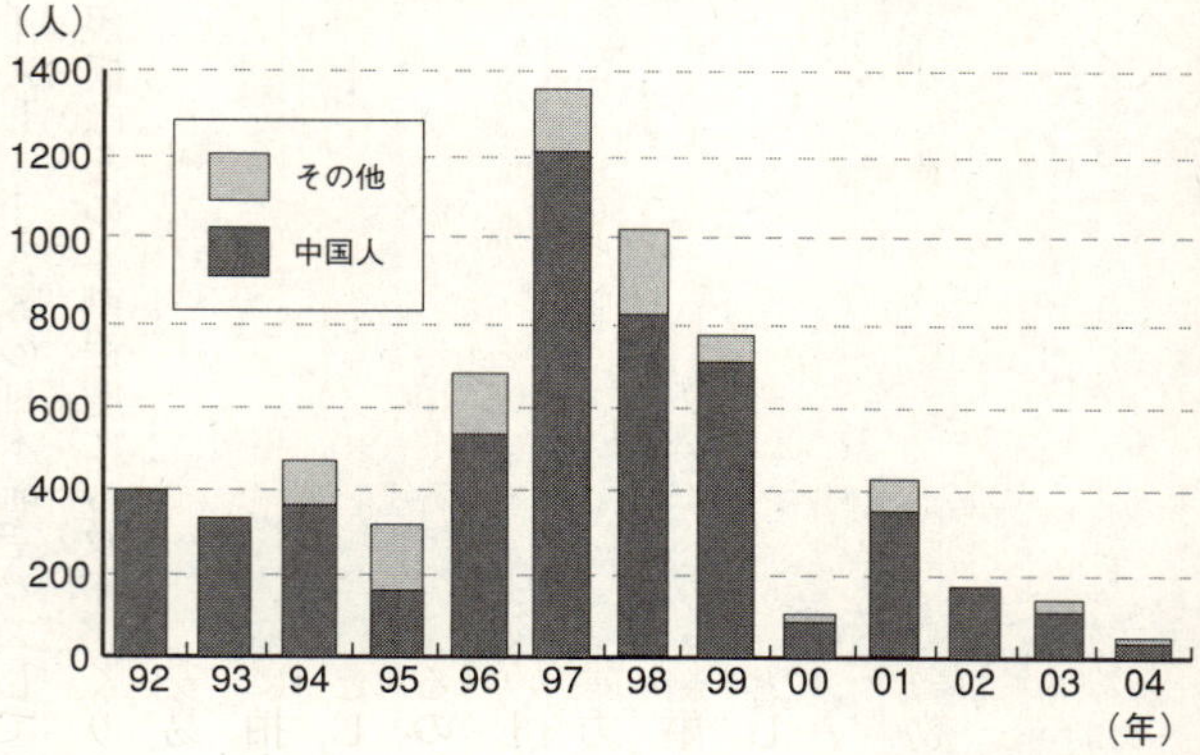

（警察庁資料より作成）

航空機を利用した集団密航事件（検挙人員）が急増

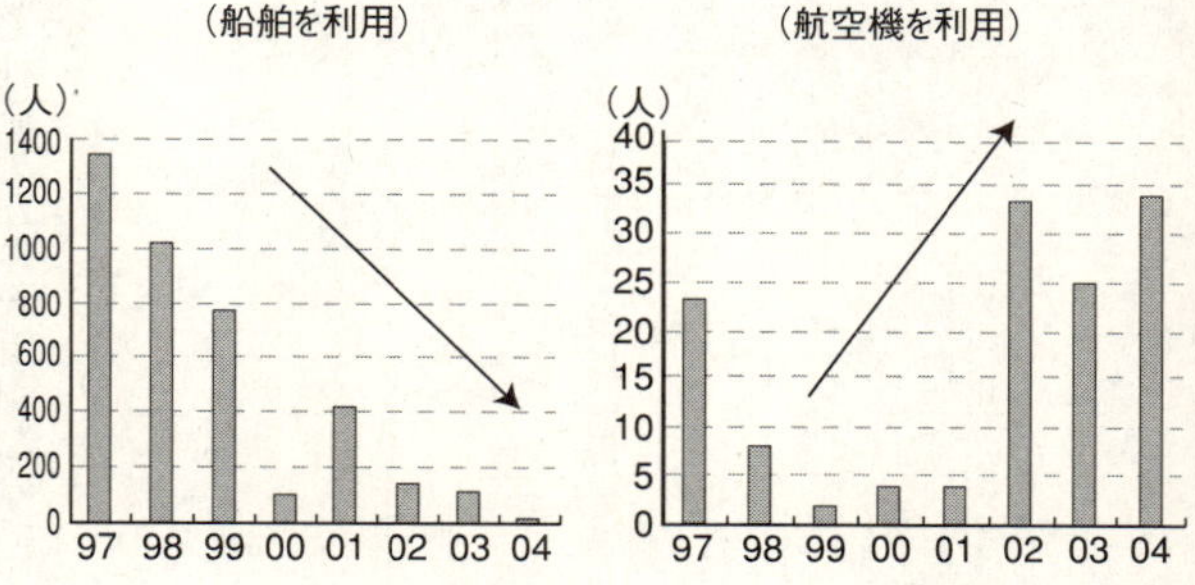

（警察庁資料より作成）

ろう。ＪＡＬ、ＪＡＳの日本航空の二〇〇五年三月期営業利益が五六一億円なので、密航市場の規模はその4割程度にも及ぶ。

▼自己破産続出のカナダのギャンブル中毒者

アメリカをはじめとして、世界各国でギャンブルが盛んになってきた。アメリカではオンライン・カジノを中心に人々が多額のお金をギャンブルにつぎ込んでおり、国民のギャンブル支出額は年々急速に上昇している（253ページ図表参照）。

しかし、そうしたギャンブルの隆盛に伴って、ギャンブル中毒の問題が深刻化しつつある。ギャンブルに中毒性があることは間違いのないことで、アルコール中毒と同様、精神医学上の病気といえる。ロシアの文豪ドストエフスキーが賭博中毒にかかっていたことは有名な話で、彼はドイツの賭博場でルーレットに手を出し大金を失い自らの身を滅ぼした。アメリカでは、オンライン・カジノで一日に一〇〇〇ドル以上ものお金をつぎ込む深刻な中毒患者が続出しているという。

アメリカ精神医学協会（American Psychiatric Association）の定義に依拠《いきょ》すれば、ギャンブル中毒とは、ギャンブルをしたいという気持ちを自分自身で抑えられなくなる病気である。

ここでは、カナダの各州で行われたアンケート調査を例にとって、ギャンブル中毒者の特徴を眺めてみよう。カナダもアメリカと同様ギャンブルが盛んに行われている。カジノをはじめとするギャンブル産業は毎年莫大な利益をあげており、カナダ全州の収入の二・七%はギャンブルからの売り上げとなっている。

カナダの各州で実施されたギャンブルに関する実態調査によれば、「少なくとも週に一度は何らかのギャンブルをする」と回答した人が、マニトバ州で九二%、ブリティッシュコロンビア州で六五%、ケベック州で五五%にも達する。

当然のことながら、ギャンブル愛好家のなかにはギャンブル中毒者も含まれている。各州が実施した判別テストの結果によれば、ブリティッシュコロンビア州では全体の六・〇%（一九九三年）もの人がギャンブル中毒と判定された。

また、アルバータ州では全体の五・九%（一九九三年）、ニューブランズウィック州では四・〇%（一九九二年）、サスカチワン州では二・八%（一九九三年）、そしてケベック州では一・二%（一九八九年）の人がギャンブル中毒と判定されている。

カジノ産業での消費額の推移（アメリカ）

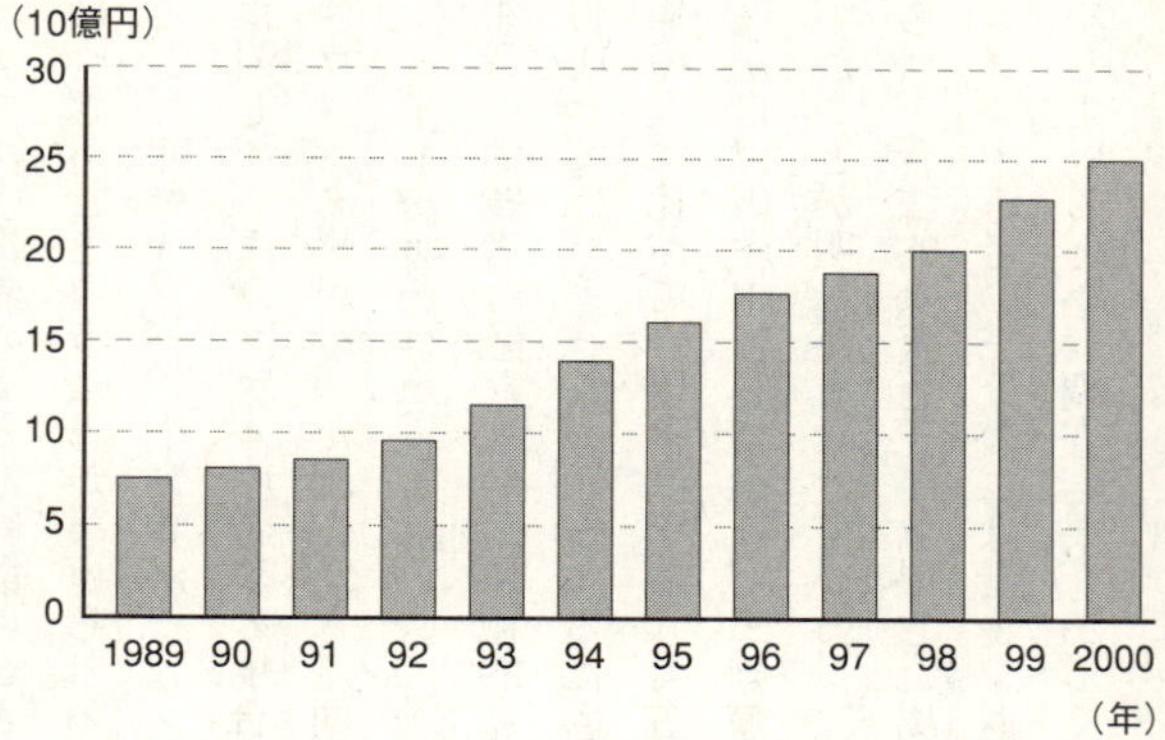

（Christiansen Capital Advisorsの資料より作成）

ギャンブル中毒者と非中毒者の月平均ギャンブル支出額の比較（カナダ・ニューブランズウィック州、1992年）

（ドル）

	ギャンブル中毒者	非ギャンブル中毒者
サンプル数（人）	11	661
宝くじ	40.09	12.51
インスタント・ウィン・チケット	16.90	8.03
ビンゴ	56.25	29.33
富くじ	8.83	6.91
ビデオゲーム	117.50	17.86
カードゲーム	28.57	17.14

（カナダ政府資料より作成）

ギャンブル中毒者の大きな特徴のひとつとして、非中毒者に比べて多額のお金をギャンブルにつぎ込むということが挙げられる。たとえば、ブリティッシュコロンビア州の調査によると、非ギャンブル中毒者がギャンブルに支出する金額が月平均八二・二六ドルであるのに対して、ギャンブル中毒者の場合は月平均二七二・七九ドルにも達する。ニューブランズウィック州が行った調査でも、同様の傾向を読み取ることができる。

アンケート調査の結果からは、ギャンブル中毒者が、ギャンブルにつぎ込む資金を親類、銀行、消費者金融などから積極的に借り入れるという特徴も確認することができる。場合によっては、ギャンブルをするために個人や家族の財産を質に入れることさえある。

普通の人に比べて自己破産する人も多く、ケベック州の調査では、ギャンブル中毒者の二八％が自己破産申告しており、三分の一は七万五〇〇〇〜一五万ドルもの借金を抱え込んでいたことが明らかとなっている。

さらに、合法的な資金源が枯渇《こかつ》した場合、ギャンブル中毒者は犯罪に走ることがある。ギャンブル中毒者の三分の二は借金を返済したり、ギャンブルを続けるために何らかの犯罪を犯しているという調査結果もあるくらいだ。

▼拳銃の密売市場は「仁義なき戦い」の東映の営業利益と同じ約一〇〇億円

国際機関の推定によれば、世界での拳銃の年間取引額（密輸を含む）は、世界全体の武器取引額のおよそ五％にあたる六〇億ドルに及ぶ。これを聞いた人はどういう反応をするだろうか。おそらく「日本は拳銃とは無縁の国だからあまり関係のない話だね」と考えるのではないだろうか。

確かに、わが国には世界でもとくに厳しい銃規制が存在する。拳銃は、「銃砲刀剣類所持等取締法」に拳銃輸入禁止規定が設けられた一九六五年以降、国内への持ち込みが禁止されており、これに違反すると厳しい罰則を受ける。すなわち、拳銃を輸入した者は三年以上の有期懲役、また拳銃の実包《じっぽう》を輸入した者は七年以下の懲役又は二〇〇万円以下の罰金が課されることになる。現在、拳銃の所持や使用が認められるのは、原則として自衛隊や警察、海上保安庁等の一部の特殊な組織のみである。

これだけ厳しい規制が存在すれば、拳銃が国内に出回るはずはないと思えるが、現実には結構な数量が流通している。これは、暴力団を中心に組織的な大量密輸が行われているためである。また、近年では、暴力団に短銃が浸透してきたことから、暴力団以外の一般人にマーケットが広がりつつあるともいわれる。

警察庁は、発砲事件の発生や一般からの情報提供に基づき毎年多数の拳銃を押収しており、二〇〇三年の押収数量は七八五丁となった。そのうち暴力団関係からの押収が三三四丁と全体の四二・五%を占める。押収された拳銃のほとんどは、海外から密輸されたものである。

そこで次に、密輸入事件で押収された拳銃の数量をみると、ここ数年は一〇〜六〇丁程度で推移していたが、二〇〇〇年は一一四丁と急増している（直近の二〇〇三年は一三丁）。もちろん、国内に密輸入される拳銃のうち実際に密輸入事件として検挙され、水際で押収されるのは氷山の一角にすぎない。九〇〜二〇〇三年にかけて押収された拳銃数量全体に占める水際での検挙割合はわずか二・五%（一万七九九九丁中の四四四丁）にとどまっている。

拳銃がどの国から密輸されているかを調べると、二〇〇三年に押収された拳銃の五一・

インターネットを通じて取引された拳銃の押収数量

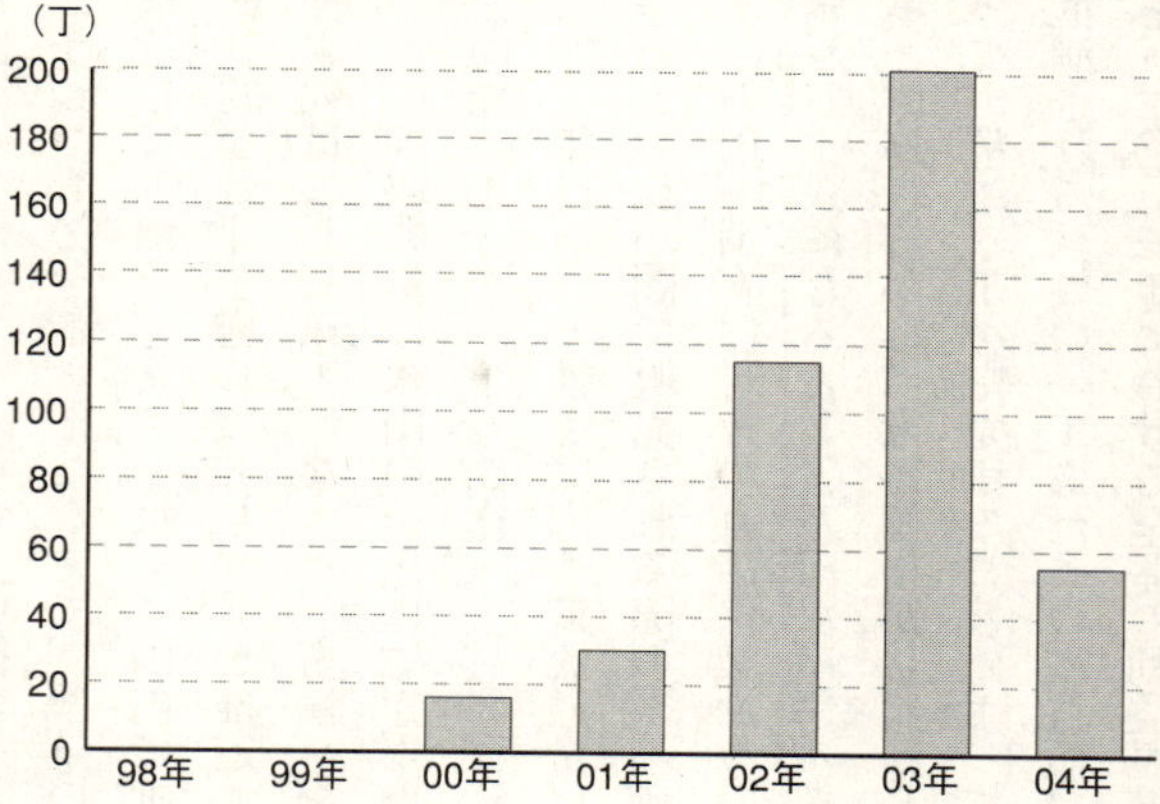

（警察庁資料より作成）（年）

推定拳銃流通量

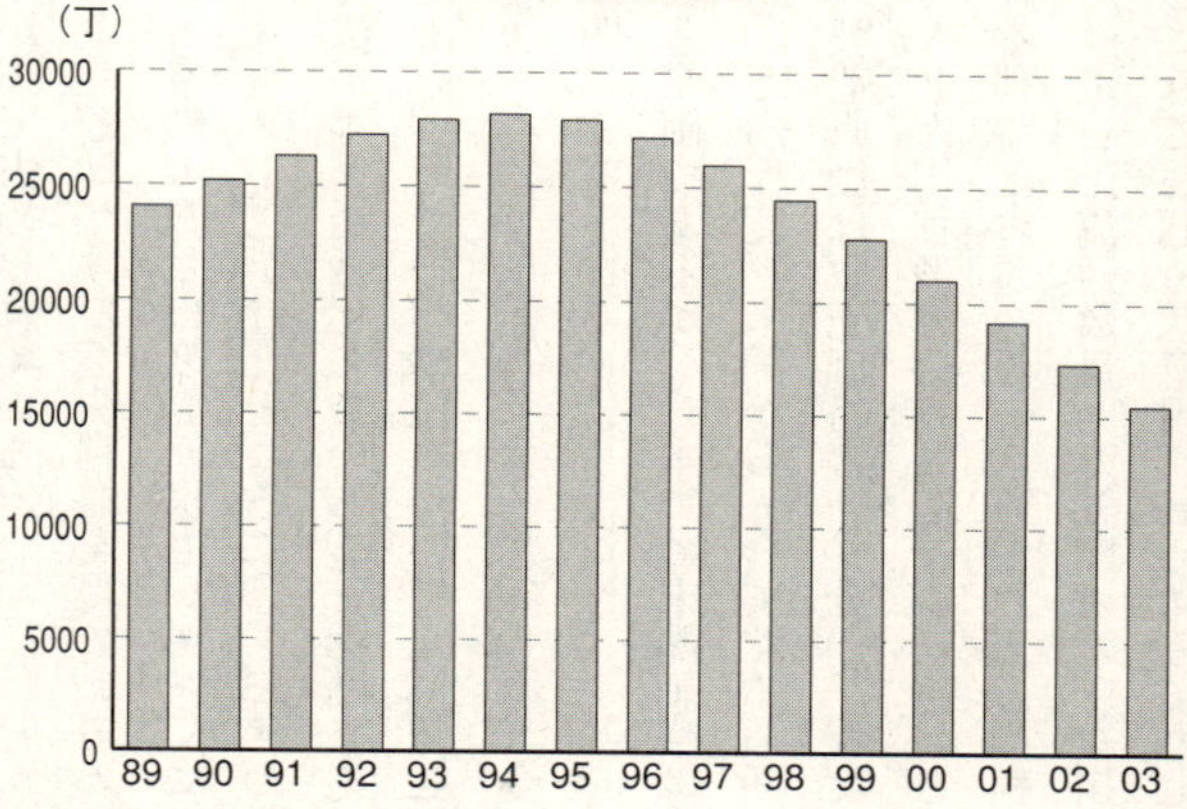

（押収数量などに基づき筆者推計）　（年）

九％はアメリカ、フィリピン、中国、ロシアの四か国で占められている。

こうした情勢を踏まえたうえで、拳銃の密売業者がどれだけの不法利益を得ているのかを推定してみたい。まず、毎年、国内で押収される拳銃の数量は変動が激しいので、これに統計的な処理を施してトレンドを推定する。フィルターをかけたところ二〇〇三年の拳銃押収数量は七七三丁となった。密輸や密売の方法が年々巧妙化していることを踏まえると、この押収数量は氷山の一角にすぎないといえよう。そこで、拳銃についても、覚せい剤と同様（157ページ同様）、押収量が全流通量の五％程度であるとの仮定をおくと、二〇〇三年における推定国内拳銃流通量は一万五四六六丁となる。

一方、拳銃が闇で販売される際の末端価格と製造原価であるが、日本での末端価格は最低二〇万円、消音器付きのロシア製マカロフで四〇万円程度、米国から入ってくる最新のリボルバー式になると七〇万円に達する。拳銃の製造原価は販売価格の一〇分の一程度が相場といわれるから、末端価格から判断して二万～七万円程度ということになろう。したがって、拳銃一丁を密売することによって得られる利益はおおむね一八万～六三万円程度と推測される。この一丁あたりの利益額に、先に推定した流通数量一万五四六六丁を掛けると、二〇〇三年における全体の利益規模は低めにみて二七・八億円、高めにみて九七・

四億円程度となる。わが国は拳銃に対する規制が厳しいこともあり、拳銃の密売マーケットは地下経済全体からみれば、それほど大きくないと評価することができよう。

ちなみにヤクザの抗争を扱った映画「仁義なき戦い」で有名な東映の二〇〇五年三月期の営業利益（連結決算）はほぼ九七億円だ。

▼なぜオランダは「飾り窓」を合法化したのか

オランダは、麻薬や売春を認めるなど、先進諸国のなかで最も「地下経済」に寛容な国といわれてきた。もっとも、麻薬や売春が完全に合法化されているというわけではない。たとえば、麻薬については、あらゆるドラッグをハード・ドラッグとソフト・ドラッグに区分したうえで、大麻などのソフト・ドラッグに限ってその使用を認めている。また、売春が完全に合法化されたのは、つい最近のことである。

オランダ政府は、街娼など個人が自分の意思で自由に行う売春については早くから合法と認めてきたが、窓越しに好みの売春婦を選べる店がずらりと並んでいる、いわゆる「飾り窓」として有名な売春宿の経営については、売春婦に対する経営者の搾取を防止するという目的で、一九一二年以降ずっと法律で禁止してきた。

したがって、アムステルダムを中心に約二〇〇〇軒あるといわれ、年間二〇億ギルダー

（およそ一〇〇〇億円）を稼ぎ出す売春宿は、これまですべて違法な存在であったわけだ。実際には黙認されていたが、売春宿を経営した者は、最高で一年の懲役刑に科されることになっていたのである。

しかし、八八年にわたって違法とされてきた「飾り窓」も、二〇〇〇年一〇月からはついに合法化されることになった。「飾り窓」を合法化し、ガラス張り化することで、売春宿の密集地帯が犯罪の温床となることを阻止しようというのが主な狙いである。

これまで「飾り窓」のある一帯は、未成年者や不法入国した外国人の強制売春、麻薬の密売、窃盗・強盗などあらゆる犯罪の巣窟《そうくつ》となっていた。

「飾り窓」合法化の措置によって、売春宿の運営は通常の企業活動と同等の扱いを受けることになり、経営者には税金の支払いが強制されるとともに、従業員となる売春婦の健康保険など福利厚生、職場の安全確保なども義務付けられることになった。

売春宿の経営を認める一方で、売春宿の経営者が一八歳未満の未成年者に売春を強制した場合には、最高で六年の懲役刑が科されるという厳しい罰則が加えられた。

また、地方自治体が、売春宿が不法移民を雇ったり、衛生面での管理を怠《おこた》らないよう監督できるようにもした。

とりわけ、「飾り窓」を政府の管理下におくことの効果として期待されているのが近年急増している外国人の強制売春の防止である。

オランダ政府は国内において一万五〇〇〇～三万人程度の売春婦がアムステルダムを中心とした売春宿で働いていると推定しており、そのうちの四割程度は東欧などからの不法移民によって占められるとみている。

ヨーロッパ諸国では、国境検問を廃止したことから、東欧やロシアのマフィアによるトラフィッキング（人身売買）が深刻な社会問題となっており、「飾り窓」をガラス張り化することが、人身売買の阻止に有効な手段と考えられている。

新法においては、トラフィッキングの被害にあった外国人女性は、売春を強制された事実を証言すれば、一定期間内の国内居住を許可することも定められた。

▼日本の地下経済の規模はどれぐらいになるのか

これまで、地下経済にまつわるさまざまなトピックを取り上げてきたが、ここでわが国の地下経済が全体でどれぐらいの大きさになるのかを明らかにしてみたい。

数字的な根拠が不透明であるだけに、地下経済の大きさを測定することはきわめて難しい。それでも、これまで地下経済の規模を測定するためのさまざまな方法が提案されてきた。

過去における研究の成果を振り返ってみると、地下経済の推計方法は、①通貨の流れが地上経済と地下経済をカバーしていることに着目した「通貨的アプローチ」の流れと、②地下経済を構成する各項目を個別に積み上げていく「直接推計法」の流れに大別できる。

以下ではこれらの分析手法を適用して、わが国の地下経済の大きさを測ってみよう。

まず、通貨的アプローチによる推計を試みる。

このアプローチは地下経済の大きさを測る際、最も頻繁に利用される分析手法のひとつで、OECD（経済協力開発機構）加盟諸国のうち約半数の一五か国で実際に使われたことがある。

推計方法を簡略に紹介すると、はじめに地下経済における取引は、発覚を恐れてすべて現金で行われるという仮定を設定する。次に地上での経済活動も含めて現金通貨需要に影響を及ぼす複数の要因を想定したうえで、現金通貨需要関数を推定する。

その際、地下経済で需要される現金通貨の量を説明する変数としては租税負担率（名目GDPに対する直接税収入の割合）を採用した。これは租税負担が重くなるほど、脱税と税務当局が把握しづらい現金通貨での地下取引が拡大すると考えられるからである。この現金通貨需要関数の推定結果に基づいて地下経済の規模を推し測る。

以上の手順で推計した地下経済の大きさを、実額と名目GDPに対する比率で示したものが次ページの図表である。

これによると、わが国の地下経済は七〇年代から八〇年代にかけて拡大傾向で推移したことがわかる。

とくに八〇年代後半のバブル期に急速に肥大化しており、ピーク時の九一年には三五・

日本の地下経済（通貨的アプローチによる推計結果）

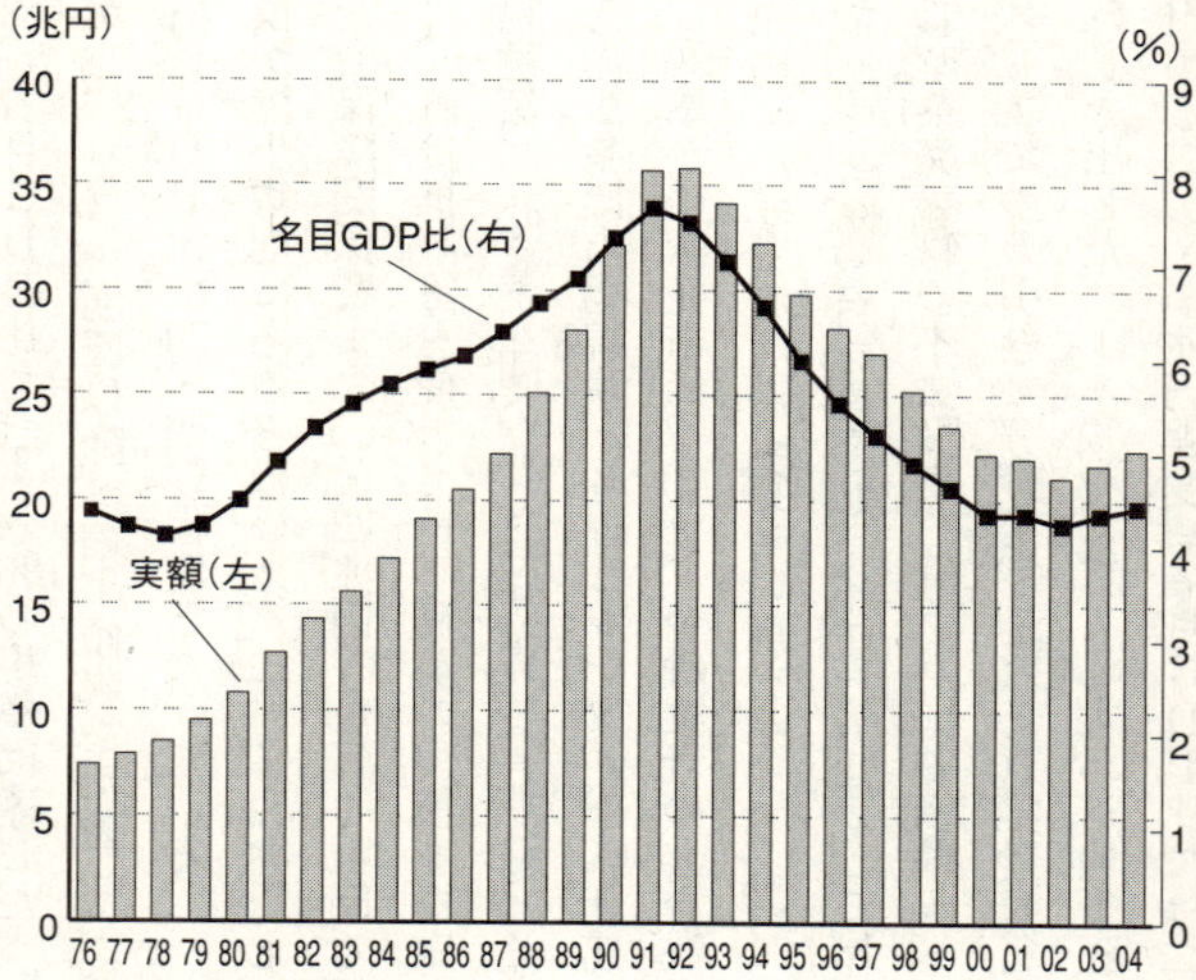

（各種資料より筆者推計）

日本の地下経済の内訳（2003年）

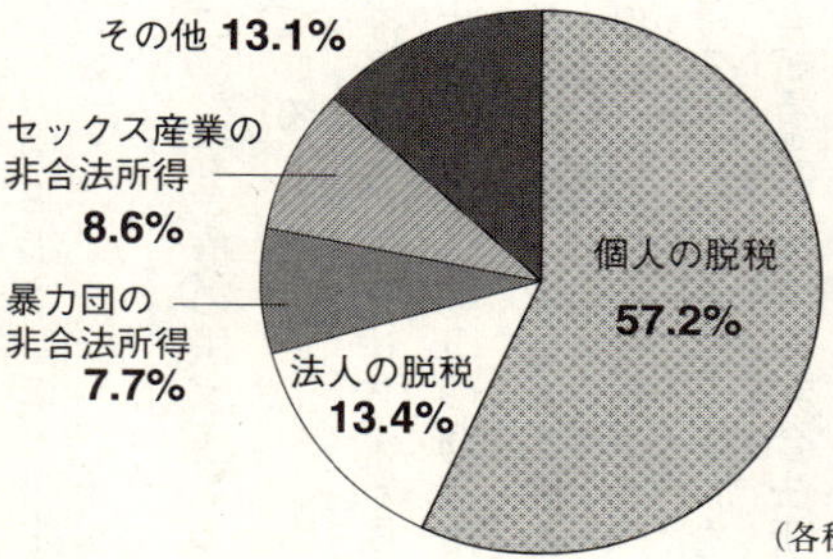

（各種資料より筆者作成）

七兆円、名目GDP比で七・六%の規模に達した。

しかし、バブル崩壊以降は縮小傾向をたどっており、直近の二〇〇四年は二二・四兆円、名目GDP比で四・四%程度となっている。

規模が縮小傾向にあるとはいえ、二二・四兆円という金額は二〇〇五年度の国家予算のうち社会保障関係費(二〇・四兆円)を軽く上回る規模となっている。

次に、直接推計法を使って地下経済の規模を推定してみよう。ここでは、①申告漏れ所得(脱税額)、②暴力団の非合法所得、③セックス産業の非合法所得、④自動車の窃盗市場、⑤違法賭博市場規模、⑥違法レンタルビデオ店の非合法利益、⑦ニセブランド市場の規模、⑧拳銃の密売市場、⑨ヤミ金融業者の非合法利益、⑩医師への謝礼、⑪違法ドラッグ密売による非合法所得(覚せい剤を除く)、⑫パチンコにおけるゴト師(多様な手口を使ってパチンコの台を操作し、不正にパチンコの玉を出そうとする者)集団の非合法所得、⑬産業廃棄物の不法投棄、⑭フロンの密輸入・密売、⑮転売を目的とした書店・ドラッグストアでの万引きに分けて、それぞれ推計を行い、最後にこれらを合算して全体の規模をはじき出した。①~⑮を合算して求めた地下経済の大きさは二〇〇三年時点で一二・六兆円から二〇・一兆円程度(名目GDP比では二・五~四・〇%)となった。

地下経済を構成する各経済活動が全体に占める割合をみると、脱税が七〇・六％、その他の犯罪活動が二九・四％となっており、日本の地下経済のほとんどが脱税によって成り立っていることがわかる。脱税のなかでは個人事業主の脱税（地下経済全体の五七・二％）が大半を占めており、法人部門の脱税（同一三・四％）はそれほど大きくはない。一方、犯罪部門のなかでは暴力団の非合法所得（同七・七％）とセックス産業の非合法所得（同八・八％）が大きな割合を占める。

採用する手法の如何《いかん》により推計結果にかなりの開きが出たが、このことは実態のわからない地下経済を正確に計測することがいかに難しいかを示唆している。計測値は一応の目安となるが、全幅の信頼を寄せられるものとはいえない。

ただ、いずれの推計においても共通しているのは、日本の地下経済が地上経済と同様に八〇年代後半に急拡大した後、九〇年代以降縮小に向かっている点である。地下経済が縮小しているのは、景気の低迷や減税などによって、全体の七割を占める脱税額が減少しているためだ。しかし、暴力団の非合法所得やセックス産業の非合法所得など、犯罪にかかわる地下経済活動は、九〇年代後半以降も不気味に増殖を続けている。

地下経済が量的に縮小傾向にあるといっても、社会的なダメージの大きい犯罪活動が拡大傾向にあるのだから、日本の地下経済は質的にはむしろ悪化していると見たほうがよいだろう。

▼地下経済の最も大きいのは東京だが

続いて、都道府県別の統計データを利用して、各都道府県における地下経済の規模を明らかにし、その大きさを比較してみよう。

最初に直接推計法を使った推計を試みる。ここでは、先に直接推計法により推計した全国の地下経済の個別項目を各都道府県に振り分け、これらを積み上げて地域全体の地下経済の規模を推定するという方法を採用した。申告漏れ所得（脱税額）については、都道府県別の給与所得、申告所得、法人所得金額などをもとにそれぞれ按分《あんぶん》を行った。

また、暴力団の非合法所得は都道府県別の粗暴犯（傷害、恐喝など）認知件数によって、売春産業と援助交際の非合法所得は、都道府県別ソープランド数、女子中高生数などによってそれぞれ振り分けを行った。

推計結果を名目県内総生産に対する比率でみると、九九年度において最も地下経済の規模が大きいのは東京都（五・一％）で、以下神奈川県（三・六％）、京都府（三・五％）、大阪府（三・五％）と続く。逆に地下経済の規模が小さい地域は滋賀県（二・一％）や福島県（二・二％）、新潟県（二・二％）などだ。

九九年度の推計値を九一年度の推計値と比較してみると、九一年度から九九年度にかけてはすべての都道府県で地下経済の規模が縮小した。とくに和歌山県（四・九％→二・九％）、埼玉県（五・一％→三・一％）、奈良県（五・〇％→三・二％）、岐阜県（四・八％→三・〇％）、大阪府（五・三％→三・五％）、神奈川県（五・四％→三・六％）などで規模の縮小が著しい。

地下経済を構成する個別項目に分けてみると、売春産業は岐阜県や、沖縄県、鹿児島県、熊本県などが大きな規模となっている。

岐阜県は岐阜駅南口にある金津園《かなづえん》が全国的に有名なソープランドの集積地となっているし、沖縄県も旧辻の遊郭などが集積していることからも、こうした傾向は筆者の直感と一致する。暴力団は東京、神奈川、千葉、埼玉といった首都圏に集中している。脱税額はほとんどが東京に集中している。

もっとも、こうした推計はかなり大づかみなものであり、推計誤差も大きいと考えられ

各都道府県における地下経済の規模のランキング(99年度)

(直接推計法)

順位 99年度	都道府県	名目GDP比(%) 99年度	91年度
1	東京	5.1	6.4
2	神奈川	3.6	5.4
3	京都	3.5	4.9
4	大阪	3.5	5.3
5	千葉	3.5	5.1
6	愛知	3.4	4.3
7	福岡	3.3	4.6
8	奈良	3.2	5.0
9	鹿児島	3.2	3.1
10	熊本	3.2	3.9
11	香川	3.1	4.6
12	埼玉	3.1	5.1
13	長野	3.0	4.3
14	岐阜	3.0	4.8
15	徳島	3.0	3.9
16	広島	2.9	4.2
17	高知	2.9	4.2
18	和歌山	2.9	4.9
19	沖縄	2.9	3.6
20	兵庫	2.9	4.4
21	島根	2.8	3.7
22	山梨	2.8	4.4
23	石川	2.8	4.2
24	静岡	2.8	4.3
25	愛媛	2.8	4.0
26	宮崎	2.8	4.4
27	長崎	2.8	3.7
28	鳥取	2.6	3.8
29	北海道	2.6	3.5
30	富山	2.6	4.0
31	三重	2.6	3.9
32	岡山	2.6	3.5
33	山形	2.6	3.6
34	宮城	2.6	3.7
35	福井	2.6	4.2
36	栃木	2.5	3.9
37	山口	2.5	3.3
38	秋田	2.5	3.4
39	群馬	2.4	3.9
40	佐賀	2.4	3.7
41	岩手	2.3	3.3
42	大分	2.3	3.2
43	茨城	2.2	3.6
44	青森	2.2	3.3
45	新潟	2.2	3.4
46	福島	2.2	3.5
47	滋賀	2.1	3.2

(各種資料より筆者作成)

(モデル・アプローチ)

順位	都道府県
1	東京
2	神奈川
3	千葉
4	愛知
5	埼玉
6	大阪
7	奈良
8	兵庫
9	京都
10	静岡
11	滋賀
12	三重
13	広島
14	富山
15	岐阜
16	茨城
17	栃木
18	石川
19	福井
20	福岡
21	群馬
22	長野
23	岡山
24	宮城
25	香川
26	山梨
27	和歌山
28	山口
29	新潟
30	徳島
31	福島
32	北海道
33	高知
34	愛媛
35	大分
36	山形
37	岩手
38	熊本
39	鳥取
40	佐賀
41	島根
42	長崎
43	秋田
44	宮崎
45	鹿児島
46	青森
47	沖縄

る。そこで次に、この推計結果を補完するという観点から、モデル・アプローチを使った推計を試みることとする。具体的には共分散構造分析という複雑な統計手法を使って、九八年度における四七都道府県の地下経済を同時推定する。

各都道府県の相対的な地下経済の大きさを比較したところ、東京都や神奈川県、千葉県、愛知県などで地下経済の規模が大きく、沖縄県や青森県、鹿児島県、宮崎県などでは地下経済が相対的に小さな規模にとどまっていることがわかった。

直接推計法とモデル・アプローチ双方の推計結果に共通に見出された特徴は、東京都や神奈川県、大阪府、千葉県などの大都市圏地域で概して名目県内総生産に対する地下経済の規模が大きいという点である。

地方圏地域に比べて大都市圏地域で地下経済の規模が大きい理由としては、①バブル経済崩壊の影響が大都市圏においてより深刻であったことから九〇年代に入ってフォーマル・セクターでの就業機会が相対的に少なくなっていること、②大消費地であるため地下経済に関わる産業も多く集積していることなどが考えられよう。

▼電力消費の増加が意味する恐るべき事実？

バブル崩壊以降、日本経済は長引く景気低迷にあえいでおり、九八年度と二〇〇一年度には実質GDP成長率がマイナス成長を記録した。しかし、東京電力など電力会社一〇社が国内で販売した電力量は、九〇年代に入ってからも増加を続けている。これはいったいなぜだろうか。

ひとつの要因として考えられるのは、地下経済の成長である。世界中どこの国においても、電力消費は現実の経済活動にほぼ比例して変動することが知られている。

そこで、もし電力消費量の成長率が実質GDPの成長率を大きく上回って推移しているとすれば、それは電力の一部が実質GDPに代表される地上経済ではなく地下経済で使われていること、つまり地下経済が不気味に成長していることを示唆する。

そこで、この考え方に基づいて日本の地下経済の大きさを測ってみたいと思う。具体的な方法は以下のとおりである。まず、あらかじめ基準年を決めて、基準年における地下経済の規模を決定する。ここでは通貨的アプローチを使って算出した結果をもとに、一九九〇年度において地下経済はすべての経済活動の七％を占めると想定した。

次に、基準年の九〇年度を一〇〇として全経済活動（地上経済を表す実質ＧＤＰ＋地下経済）指数を作成する。

この全経済活動指数は電力消費量と同じ成長率で推移していくものとする。

一方、九〇年度における全経済活動を一〇〇とすれば地下経済指数は七となり、これを差し引いた実質ＧＤＰの指数は一〇〇－七＝九三と計算される。

実質ＧＤＰ指数は当然のことながら実際の実質ＧＤＰと同じ成長率で推移していく。九一年度以降は、全経済活動指数と実質ＧＤＰ指数の差が地下経済指数を表すことになる。

最後に実質ＧＤＰ指数に占める地下ＧＤＰ指数の構成比を計算してやる。

以上の計算から二〇〇四年度時点における日本の地下経済は実質ＧＤＰの三七・六％を占めるとの結論が導き出される。九〇年度以降の地下経済の大きさを実質ＧＤＰに対する比率でみると、急速に拡大していることがわかる（次ページ図表参照）。

この結論をみた賢明な読者は次のような疑問を抱いておられるのではないだろうか。す

乖離が目立つ実質ＧＤＰと販売電力量

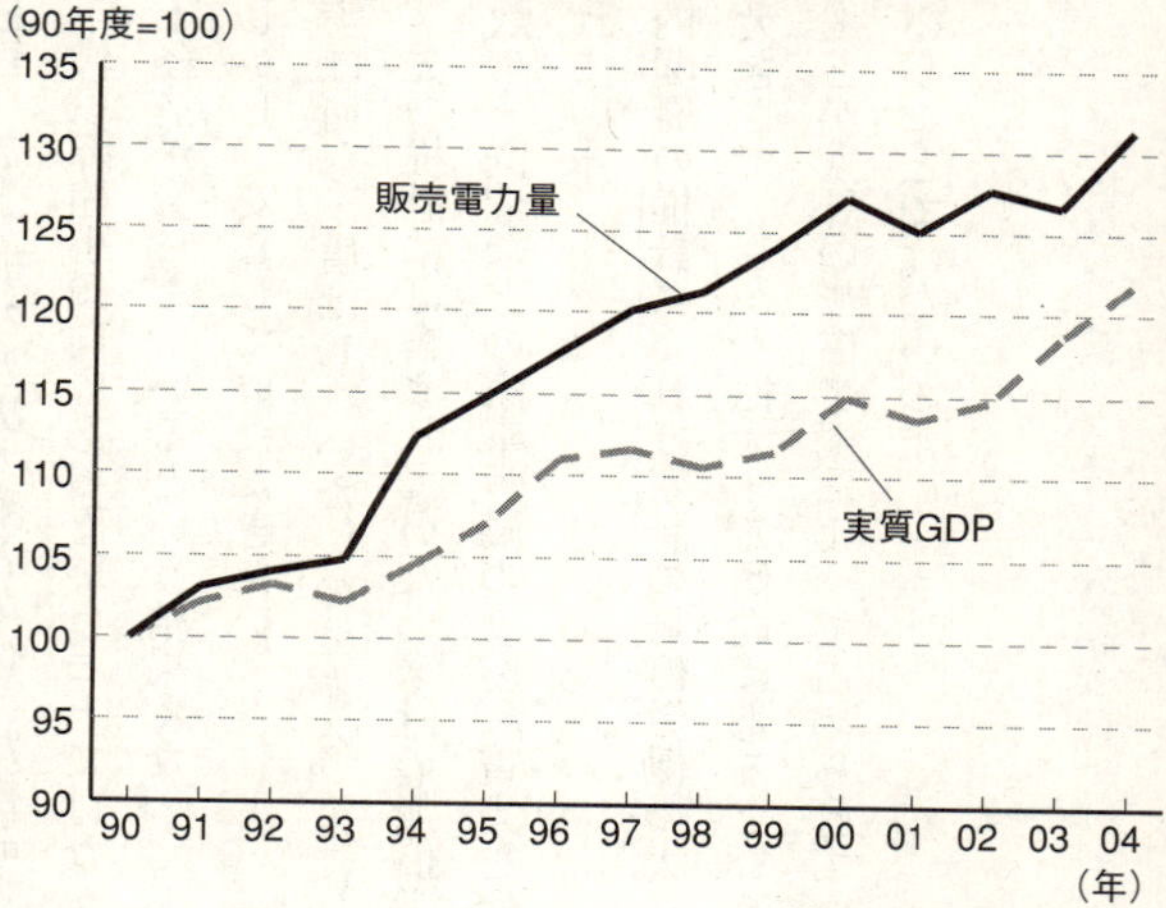

(内閣府資料などより作成)

電力需要アプローチによって推計した日本の地下経済（家庭の無償労働を含む）

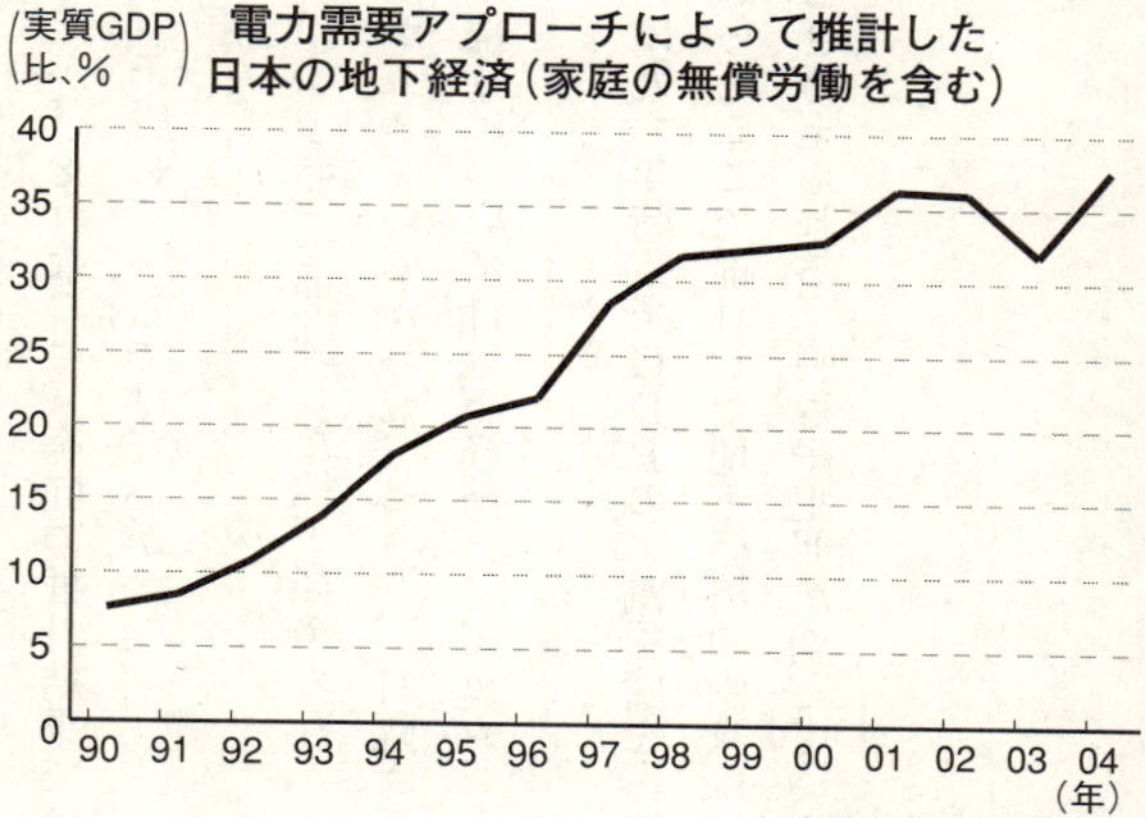

(各種資料より筆者作成)

なわち、「先に別の方法で筆者が行った推計では日本の地下経済はオモテの経済と同様九〇年代以降縮小傾向にあるということではなかったか。それなのに、今回の推計結果では地下経済が膨らんでいるという結果になっており、矛盾しているではないか」と。

しかし、安心していただきたい。

実は何も矛盾はしていないのである。というのは、ここで推計した地下経済のなかには、先の推計には含まれていない家計の無償労働が入っているからだ。つまり、日曜大工や炊事・洗濯などの家事労働のうち、電力を使う部分については地下経済としてカウントされている。

内閣府の推計によれば家計の無償労働の大きさは九六年時点でGDPの二割程度を占める大きさで、しかも拡大する傾向にあるというから、ここで推計した地下経済の中身はほとんどが家計の無償労働によって占められていると考えられる。脱税や犯罪が増えているということではないのだ。

▼なぜ、日本の地下経済は小さいのか

これまで複数の角度からわが国の地下経済の規模を推計してきたが、最後にこうしたわが国の地下経済が他国と比較してどの程度の大きさであるかを検討してみたい。地下経済の大きさを国際比較するためには、比較対象とする国の地下経済を同じ方法を使って推計しなければならない。

各国の研究者によって導出された通貨的アプローチによる推計結果を二〇〇三年時点で比較してみると、イタリアの地下経済が名目GDP比で二六・二%、スペインが二二・三%、ベルギーが二一・五%、スウェーデンが一八・七%となっている。

これらの国々は税負担の重さや租税倫理の低さなどを背景にかなり大きな地下経済を抱えている。地下経済の規模が次に大きい国々としては、デンマーク（一七・五%）、ドイツ（一六・八%）、カナダ（一五・四%）、フランス（一四・八%）、オランダ（一二・八

%）、イギリス（一二・三%）などが挙げられる。

一方、地下経済の規模が小さい地域としては、オーストリア（一〇・八%）、スイス（九・五%）、米国（八・六%）などがある。筆者が先に行った通貨的アプローチによる二〇〇三年の日本の推計結果は四・三%程度であるから、わが国の地下経済の規模は他の先進諸国に比べてかなり小さいといえそうである。

また、これとは別に、MIMICと呼ばれる複雑な統計モデルの手法を使って、OECD加盟主要九か国の地下経済を同時に推定し、地下経済の規模を順位づけ、それを比較してみた。これによると、ベルギー、スウェーデン、カナダなどで地下経済の規模が大きく、日本やフランスの地下経済は相対的に小さな規模にとどまっていることがわかる。日本の地下経済の規模のOECD九か国における順位は、八〇年に八位となった後、八五年に六位、九〇年に五位と徐々に上昇していたが、九五年には八位とフランスに次ぐ小さな規模となった。通貨的アプローチと筆者がモデルによって求めた結果は、かなり似ており、これらの結果があり得べき領域にあることを示唆している。

日本の地下経済が低水準にとどまっている要因としては、①日本の租税負担率や失業率が相対的に低いこと②また、他国に比べて地下経済での活動に対する規制が厳しいことな

先進国と発展途上国の地下経済の規模の比較(2000年)

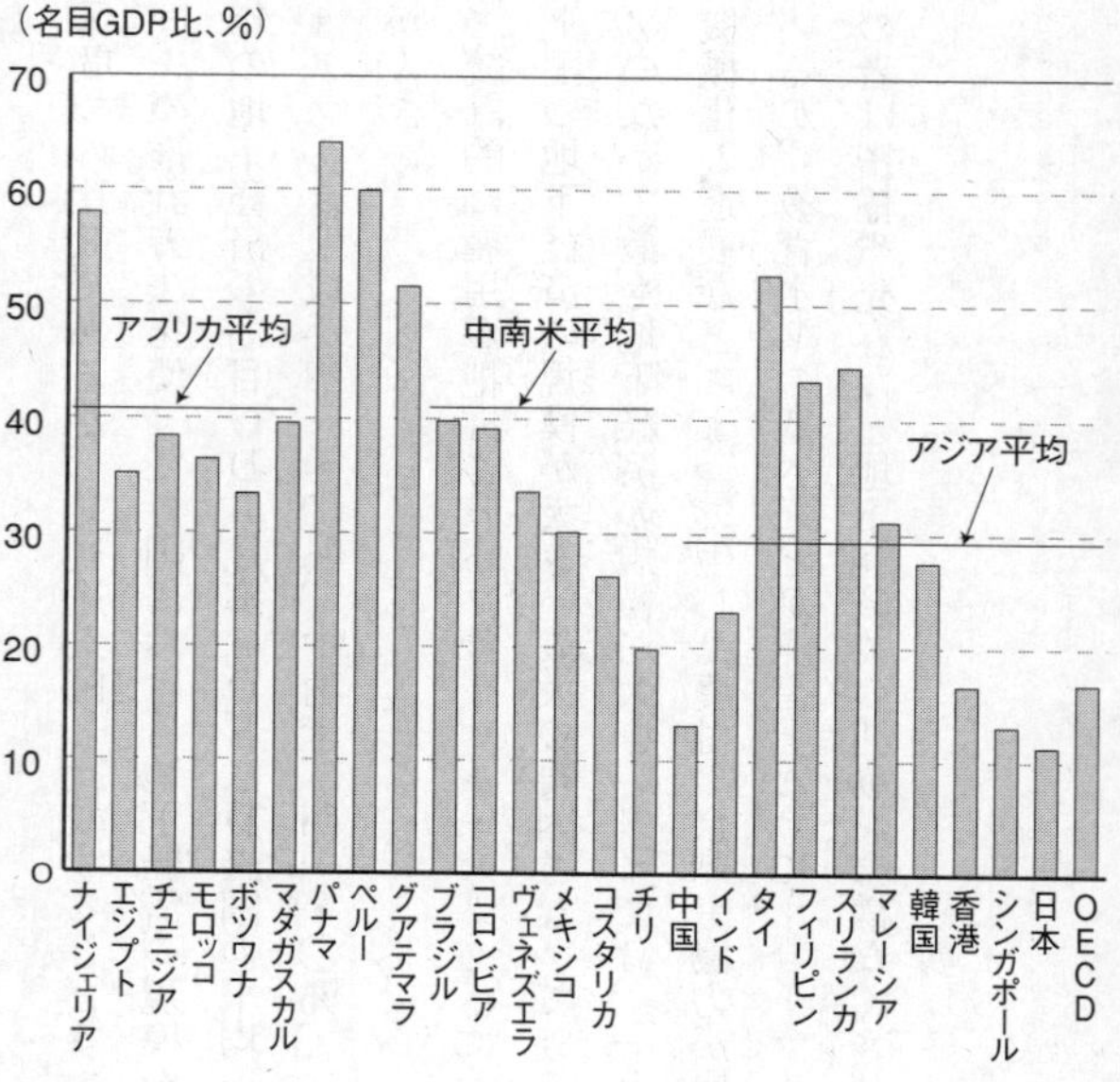

(Friendrich Schneider and Robert Klinglmair(2004)
Shadow Economies Around the World:What Do We Know? より筆者作成)

どが考えられる。

以上は、先進諸国間での比較であるが、発展途上国と比較するとどうであろうか。海外の研究者が同一の推計方法を使って各国における地下経済の規模を比較した結果によると、二〇〇〇年の地下経済の名目GDP比率はOECD諸国の平均一六・八％に対して、途上国経済ではアフリカ地域が四一・〇％、中南米が四一・〇％、アジアが二九・〇％と圧倒的に規模が大きい。

先進諸国に比べて統計的に雇用が把握されるフォーマル・セクターにおける雇用機会が少ないことが、途上国の地下経済の規模が大きい最大の要因となっている。

たとえば、アジアのなかで最も地下経済の規模が大きいタイでは、一九七〇年代から八〇年代にかけて、機械化の進展などによって生じた農村の余剰労働力が雇用機会を求めて都市部に流入しているが、教育水準の低さなどが障害となってフォーマル・セクターには移動できず、多くの者は密輸や売春など地下経済での活動を余儀なくされているといわれている。

参考文献

バーン&ボニー・ブーロー「売春の社会史（上）・（下）」（香川檀・家本清美・岩倉圭子訳）ちくま学芸文庫
フリードリッヒ・シュナイダー「OECD15か国のシャドウ・エコノミーの規模に関する時系列分析」（五嶋陽子訳）三田会雑誌
マリア・ロザリオ・ピケロ・バレスカス「フィリピン女性エンターテイナーの世界」（津田守監訳）明石書店
マルキ・ド・サド「悪徳の栄え（上）・（下）」（澁澤龍彦訳）河出文庫
ロバート・ホワイティング「東京アンダーワールド」（松井みどり訳）角川書店
鮎川　潤「犯罪学入門」講談社現代新書
飯島　愛「PLATONIC SEX」小学館
岩永文夫「フーゾクの経済学」KKベストセラーズ
梶田孝道「外国人労働者と日本」NHKブックス
河崎貴一「インターネット犯罪」文春新書
久保博司「ザ・泥棒稼業」宝島社文庫
警察庁「警察白書」各年版

小森栄「ドラッグ社会への挑戦」丸善ライブラリー
佐々木明「類似ヴィトン―巨大偽ブランド市場を追う」小学館文庫
佐高信「戦後企業事件史」講談社現代新書
佐和隆光編「サービス経済化入門」中公新書
鈴木陽子「麻薬取締官」集英社新書
竹山博英「マフィア―その神話と現実」講談社現代新書
谷岡一郎「ギャンブルフィーバー」中公新書
永沢光雄「風俗の人たち」ちくま文庫
林英機「地下経済の研究―通貨的アプローチの系譜」新潟大学経済論集
林英機「地下経済の研究―通貨的アプローチの系譜（その二）」新潟大学経済論集
林英機「地下経済の研究―通貨的アプローチの系譜（その三）」新潟大学経済論集
林英機「地下経済の測定―決定要因からのアプローチ」新潟大学経済学年報
日名子暁他「新宿歌舞伎町アンダーワールド」宝島社文庫
別冊宝島「「IT」の死角―インターネット犯罪白書」宝島社
別冊宝島編集部「「クスリ」という快楽」宝島社文庫
増川宏一「賭博の日本史」平凡社選書
宮島洋「租税論の展開と日本の税制」日本評論社

村岡清子「少女のゆくえ」青樹社
矢澤富太郎「地下経済と税務行政」中央経済社
山平重樹監修「21世紀のヤクザ基礎知識」徳間書店

Adroaan M. Bloem & Manik L. Shrestha, Exhausive Measures of GDP and the Underground Economy, International Monetary Fund
Edgar L. Feige, How Big is The Irregular Economy?, Challenge
Friedrich Schneider & Dominik H. Enste, Shadow Economies: Size, Causes, and Consequencws, Journal of Economic Literature
Lin Lean Lim, THE SEX SECTOR,International Labor Office
Maria Lacko, Do Power Consumption Data Tell the Story?, Budapest Working Papers on the Labor Market
Matthew H. Fleming, John Roman, and Graham Farrell,The Shadow Economy, Journal of International affairs
Vito Tanzi, The Underground Economy in The United States, Banca Nationale del Lavoro

（この作品は、平成一四年二月、小社から四六判で刊行された『日本「地下経済」白書』に大幅に加筆・修正を加えた）

本文図版　日本アートグラファー

日本「地下経済」白書〈ノーカット版〉

一〇〇字書評

切り取り線

購買動機（新聞、雑誌名を記入するか、あるいは○をつけてください）	
□（　　　　　　　　）の広告を見て	
□（　　　　　　　　）の書評を見て	
□ 知人のすすめで	□ タイトルに惹かれて
□ カバーがよかったから	□ 内容が面白そうだから
□ 好きな作家だから	□ 好きな分野の本だから

●最近、最も感銘を受けた作品名をお書きください

●あなたのお好きな作家名をお書きください

●その他、ご要望がありましたらお書きください

住所	〒				
氏名		職業		年齢	
新刊情報等のパソコンメール配信を 希望する・しない	Eメール	※携帯には配信できません			

あなたにお願い

この本の感想を、編集部までお寄せいただけたらありがたく存じます。今後の企画の参考にさせていただきます。Eメールでも結構です。

いただいた「一〇〇字書評」は、新聞・雑誌等に紹介させていただくことがあります。その場合はお礼として特製図書カードを差し上げます。

前ページの原稿用紙に書評をお書きの上、切り取り、左記までお送り下さい。宛先の住所は不要です。

なお、ご記入いただいたお名前、ご住所等は、書評紹介の事前了解、謝礼のお届けのためだけに利用し、そのほかの目的のために利用することはありません。またそのデータを六カ月を超えて保管することもありませんので、ご安心ください。

〒一〇一・八七〇一
祥伝社黄金文庫　書評係
☎〇三（三二六五）二〇八〇
ohgon@shodensha.co.jp

祥伝社黄金文庫

祥伝社黄金文庫　創刊のことば

「小さくとも輝く知性」――祥伝社黄金文庫はいつの時代にあっても、きらりと光る個性を主張していきます。

真に人間的な価値とは何か、を求めるノン・ブックシリーズの子どもとしてスタートした祥伝社文庫ノンフィクションは、創刊15年を機に、祥伝社黄金文庫として新たな出発をいたします。「豊かで深い知恵と勇気」「大いなる人生の楽しみ」を追求するのが新シリーズの目的です。小さい身なりでも堂々と前進していきます。

黄金文庫をご愛読いただき、ご意見ご希望を編集部までお寄せくださいますよう、お願いいたします。

平成12年(2000年)2月1日　　祥伝社黄金文庫　編集部

日本《にほん》「地下経済《ちかけいざい》」白書《はくしよ》〈ノーカット版《ばん》〉　闇《やみ》に蠢《うごめ》く23兆円《ちようえん》の実態《じつたい》

平成17年10月30日　初版第1刷発行

著者　門《かど》倉《くら》貴《たか》史《し》

発行者　深澤健一

発行所　祥《しよう》伝《でん》社《しや》

東京都千代田区神田神保町3-6-5
九段尚学ビル　〒101-8701
☎03（3265）2081（販売部）
☎03（3265）1084（編集部）
☎03（3265）3622（業務部）

印刷所　萩原印刷

製本所　関川製本

ISBN4-396-31391-8　C0133

祥伝社のホームページ・http://www.shodensha.co.jp/

祥伝社黄金文庫

副島《そえじま》隆彦
預金封鎖
大増税、ペイオフ解禁……迫り来る国民資産収奪にどう備えるか。ベストセラー、ついに文庫化！

副島隆彦
預金封鎖 実践対策編
金地金《きんじがね》の安い買い方、郵貯・生保・国債の損得を見極める—これで預金封鎖に備えよ！

片山 修
トヨタはいかにして「最強の社員」をつくったか
〝人をつくらなければ、モノづくりは始まらない！〟トヨタの人事制度に着目し、トヨタの強さの秘密を解析。

横田濱夫
はみ出し銀行マンの社内犯罪ファイル
インチキ領収書事件、ストックオプションの秘密、証券OLアブナイ告白…〝禁断〟の手口を全面公開！

山平重樹
ヤクザに学ぶできる男の条件
彼らが認める「できる男」の共通点を解き明かす。ビジネスマンにも使えるノウハウとヒント満載！

山本ちず
だから、潰《つぶ》れた！
ワンマン、愛人、ごまかし…抱腹絶倒のドキュメント。佐高信氏も注目。「ここは日本の会社の典型である」